Matthias Zeitler

SCHULE BACKSTAGE!

Was Jugendliche und Schule wirklich brauchen und wie Eltern sie dabei unterstützen können

humboldt

INHALT

Für alle Jugendlichen,
die endlich gesehen
werden wollen!

VORWORT

„Und dann geht die Schultür zu und ich kann nichts mehr tun …“

Für viele von euch Eltern ist das Schulleben eurer Kinder wie eine Art Blackbox. Ihr verabschiedet sie morgens im besten Fall vertrauensvoll an diesen Ort und nehmt sie am Ende in den unterschiedlichsten emotionalen Verfassungen und mit jeder Menge Hausaufgaben wieder in Empfang. Was dazwischen passiert, das bleibt oft undurchsichtig.

Und je älter das eigene Kind wird, umso mehr beschleicht euch vielleicht das Gefühl, wieder ein Stück entfernter daneben zu stehen. Grund genug für viele Eltern, sich vor allem in dieser besonderen Phase zu fragen: *„Bin ich als Elternteil im schulischen Kontext überhaupt noch wirksam?“*

Auftritt Matthias Zeitler! Er holt Eltern aus der zuschauenden Rolle und lädt sie ein, einen Blick hinter die Kulissen zu werfen – Schule Backstage. Was fordert Schule von Jugendlichen in diesen Tagen? Was kann sie ihrerseits leisten und was nicht? Worauf sollte sie vorbereiten? Wie verlässlich sind eigentlich ihre Bewertungsmethoden? Wo zeigt sich Potenzial? Wo müsste dringend mal entstaubt und verändert werden? Und wie können Eltern wie Lehrkräfte auffangen, begleiten und stärken?

Denn auch wenn Jugendliche schon deutlich größere Segeltouren in Sachen Selbstständigkeit und Entscheidungsfreiheit unternehmen, so ändert das wenig an ihrem grundlegenden Bedürfnis nach einem sicheren Hafen. Nach einem Ort, an dem sie Verständnis, Trost und Unterstützung erwartet, wenn Leistungsergebnisse einmal nicht so ausfallen wie erhofft. Einem Ort, an dem Lösungen gesucht werden und nicht Strafen. Einem Ort, der Zukunftswege nicht an gesellschaftliche Erwartungen knüpft, sondern vor allem am individuellen Kind ausrichtet. Einem Ort, der Zuflucht bietet, wenn die Anforderungen des Erwachsenwerdens einfach mal zu viel werden. Und einem Ort, an dem im entscheidenden Moment Verantwortung übernommen wird. Nein, wir haben als Eltern nicht direkten Einfluss auf Schulgestaltung, aber wie wir dem Thema Schule in den eigenen vier Wänden begegnen, wie viel Raum wir ihm geben und ob wir hier weiteren Druck aufbauen oder doch eher zuversichtlich stärken, das liegt in unseren Händen.

Und wer dieses Buch als Lehrkraft in den Händen hält und jetzt denkt *„Hey, Moment mal, so ein sicherer Hafen, das könnten doch auch wir sein!?“*, bringt nicht nur bereits eine ganz wunderbare Haltung in die Schulen, sondern wird auf den mit so viel spürbarem Herzblut geschriebenen Seiten sicherlich die eine oder andere Anregung auf diesem Weg mitnehmen können.

Am Ende sind wir Eltern und Lehrkräfte nicht weit voneinander entfernt, wenn es um eine zugewandte Begleitung von Jugendlichen geht. Wir beide wollen Gutes möglich machen. Wollen ermutigen. Und Chancen geben. Jeweils in unserem Rahmen. Und wenn wir diese Nähe verstehen, dann können wir direkt heute auch ohne große Reformen Schule positiv verändern. Können zusammenfinden und gemeinsam stützen, um diese heranwachsenden Menschen gestärkt in ihre Zukunft zu entlassen.

„Und dann geht die Schultür zu und ich kann nichts mehr tun…“ oder *„Mein Einfluss endet an der Haustür…“* – zwei Sätze, die eigentlich als Eltern oder als Lehrkraft so nicht mehr fallen können, nachdem ihr dieses Buch gelesen habt.

Saskia Niechzial

HERZLICH WILLKOMMEN IM BACKSTAGE-BEREICH!

Liebe Leserinnen, liebe Leser,

im Backstage-Bereich gibt es die glanzvollen Kabinen mit viel Licht, Spiegeln und dem gesunden, reichhaltigen Catering. Aber es gibt auch die rumpeligen Abstellkammern mit der flackernden Funzel, einem angefaulten Obstkorb, an dem die Fruchtfliegen schon ihren Spaß haben, und den lieblosen Kinderriegeln.

Genauso unterschiedlich wie die Backstage-Bereiche sind nicht nur die Schulen, sondern auch die Elternhäuser. Deshalb hat „backstage" auch immer etwas Mysteriöses, Ungenaues. Man weiß nie so richtig, was hinter den Kulissen geschieht. Das Publikum sieht immer nur die Show, die auf der Bühne passiert: das Interview, die Moderation oder die Showeinlage. Damit diese Inhalte aber sichtbar werden, ist backstage viel Arbeit nötig. Arbeit, die nicht sichtbar, aber wichtig für die Show ist. Sie ist sogar wichtiger als die Show.

Bei Lehrkräften und bei deiner Tochter, deinem Sohn sind die Noten, Klassenarbeiten und der Stoff sichtbar. Aber viel wichtiger ist auch hier die Arbeit hinter den Kulissen, die man nicht sieht. Die wir als Eltern und die Lehrkräfte aber niemals übersehen dürfen.

In diesem Buch geht es genau um diese Arbeit im schulischen Kontext, die meines Erachtens viel wichtiger ist als der Stoff – das ist Schule Backstage!

Viele junge Menschen sind nicht gut auf das Studium vorbereitet und die Betriebe suchen händeringend nach qualifizierten Azubis. In der öffentlichen Diskussion über Bildung und Schulen wird regelmäßig klar: Es muss sich etwas ändern. Es werden mehr Lehrkräfte gefordert, mehr Zeit für die Kinder und Jugendlichen. Ich möchte dir auf den folgenden Seiten zeigen, warum dieser Umbruch gar nicht so einfach ist. Ich möchte dir aber vor allem Mut machen und zeigen, wie du ohne viel Mehraufwand in der Interaktion mit deinem Teenager und den Lehrkräften auf diese Lage reagieren kannst. **Du kannst etwas verändern!**

Das muss nicht gleich die ganze Gesellschaft sein. Aber eines hast du jetzt schon mit der Lehrkraft gemeinsam, die dein pubertäres Kind jeden Tag unterrichtet: Ihr wollt beide das Beste für das Kind, sonst hättest du dieses Buch nicht gekauft.

Was Kinder und Jugendliche in der heutigen Zeit benötigen, ist mehr als nur ein guter Notendurchschnitt. Natürlich sind Noten für den Abschluss und spätere Bewerbungen wichtig. Allerdings ist der Einklang zwischen den tatsächlich wichtigen Skills und der schulischen Bildung kein Widerspruch. Sie sind vielmehr die Basis, damit Bildung und Lernen gelingen kann. Das Fundament heißt Beziehungsarbeit, auf der alles aufbaut und deren Wirkung gar nicht hoch genug eingeschätzt werden kann.

Oftmals höre ich in der Sekundarstufe von Eltern: „Das müssen die doch jetzt auch allein können!“ So viel sei schon mal vorweggenommen: Das ist nicht der Fall. Es braucht hier immer noch, wenn nicht sogar mehr, die Mitarbeit von uns Eltern. Die Mitarbeit darf jetzt erst recht nicht aufhören, wenn Kinder sich in der Pubertät und der Adoleszenz befinden. Sie suchen ihren Platz in der Gesellschaft zwischen Erwachsenwerden und Kindsein. Würdest du einem Menschen, der sichtlich orientierungslos auf der Suche nach dem Weg ist, nicht sofort helfen? Warum sollten wir dann Teenagern keine Führung bieten? Sie benötigen Unterstützung, Rückhalt und Vorbilder, auch wenn sie es in dem Moment nicht zugeben wollen.

Es ist ein schmaler Grat zwischen Selbstständigkeit, Laufenlassen und Begleiten. Aber um Selbstständigkeit zu erlernen, braucht es erst mal die Begleitung. Eines der bildungspolitischen Ziele, die der Bildungsforscher und Soziologe Aladin El-Mafaalani formuliert, ist, von Eltern nicht zu viel zu erwarten. Es sollten wenige Erwartungen sein, die konkret, transparent und begründet sind. Jede Familie sollte in der Lage sein, sie zu verstehen und umzusetzen. Nur so könne die Zusammenarbeit zwischen Schule und Elternhaus funktionieren.[1] Dieses Buch soll seinen Teil zu diesem Ziel beitragen.

Deshalb geht es bei mir nicht darum, deinen Jugendlichen etwa in Vereine zu schicken, die sich eben nicht alle Familien leisten können. Mir geht es um die Haltungen, Mindsets, Tricks und Tipps, die nichts kosten – außer Hartnäckigkeit, Vertrauen, Durchhaltevermögen, Verständnis, Wertschätzung, Empathie, Geduld und das Wichtigste: Perspektivwechsel.

Was dir dieses Buch bringt

Ich begleite dich durch diese Backstage-Führung. Wir klären einige Mythen und lüften das ein oder andere Geheimnis hinter den Kulissen. Denn so spektakulär, wie man immer glaubt, sind Backstage-Bereiche wirklich nicht. Wenn man die Tricks hinter den Kulissen kennt, merkt man: Die kochen alle nur mit Wasser! Für dich heißt das vor allem: **Es ist gar nicht so schwer, deinen Jugendlichen zu Hause zu begleiten: Die Tools dafür sind einfacher, als du denkst.** Du musst sie nur kennen – und dann: niemals aufgeben und dranbleiben.

Keiner behauptet, dass es nicht anstrengend ist. Aber es ist so sinnstiftend. Als Vater von zwei Töchtern und Lehrer an einer Grund- und Hauptschule (in Baden-Württemberg heißt das Werkrealschule) weiß ich, welche Sorgen, Bedenken, Nöte und Ängste Eltern und Lehrkräfte haben. Noch viel wichtiger: Ich bekomme auch täglich mit, was die aktuelle bildungspolitische Situation mit den Kindern und Jugendlichen macht.

Ich verstehe mich nicht als typischen Lehrer. Ich sehe mich als Wegbegleiter für Jugendliche. Ich bin gerne mit Jugendlichen zusammen. Ich liebe ihren Blick auf die Welt und ich mag es, wenn es möglich ist, mit ihnen tiefsinnige Gespräche zu führen. Die Lehre, die in meiner Berufsbezeichnung steckt, kommt für mich an zweiter Stelle. Denn damit die überhaupt gelingen kann, braucht es den beziehungspädagogischen Ansatz. Den leben immer mehr Lehrkräfte vor. Unsere Erfahrung zeigt: Ja, das ist anstrengend, aber es zahlt sich aus.

Die Dankbarkeit kommt nicht sofort, aber sie kommt. Wenn Schülerinnen und Schüler Monate und Jahre später entweder bei mir im Klassenzimmer stehen oder in meinem Garten sitzen, kommen immer die gleichen Sätze: „Die Schulzeit war schon super!“, „Unsere Schule war einfach genial. Ich weiß das jetzt erst zu schätzen. Warum wollte ich da eigentlich weg?“, „Ich werde nie vergessen, was du und die anderen Lehrer für mich gemacht haben.“

Vielleicht hast du dich schon über den ständigen Backstage-Vergleich gewundert. Das kommt daher, dass ich seit über 15 Jahren Radio- und Eventmoderator bin. Zeitgleich zum Studium und im Referendariat hat das begonnen. Zwischenzeitlich hatte ich den Tafellappen komplett gegen das Mikrofon eingetauscht. Mittlerweile kombiniere ich wieder beide Berufe. Ich bin also Elternteil, Klassenlehrer, Fachlehrer und Moderator. Alle Perspektiven sind für dieses Buch relevant.

Durch meinen beruflichen Austausch und die Gespräche in meinem Podcast „Schule Backstage!" habe ich ein großes Netzwerk an Experten und Expertinnen aufgebaut. Sie kommen aus der Politik, der Wirtschaft, aus verschiedensten Schularten, sind Eltern oder nutzen ihre Prominenz, um Bildung voranzutreiben. Nach den Gesprächen wirkt die Situation oft eingefahren und hoffnungslos. Gleichzeitig stelle ich immer wieder fest, wie viele Leuchttürme es in der Elternschaft, der Gesellschaft und unter den Lehrkräften gibt. Das gibt Hoffnung für Veränderungen und zeigt, dass es eben doch geht.

Dieses Buch soll dazu beitragen, dass Schule von allen Beteiligten wieder als sinnvoller Ort erlebt wird, an dem sich alle mit Freude und gegenseitiger Wertschätzung begegnen. Auch du kannst dabei mithelfen.

Matthias Zeitler

SCHULE, ELTERN UND JUGENDLICHE AM LIMIT

Eltern, Lehrkräfte, Politik – alle wissen, dass es so nicht weitergehen kann. Jeder hat Ideen und Vorschläge, was besser gemacht werden müsste. Aber es passiert wenig, weil jeder am Limit ist und die Zuständigkeit den anderen zuschiebt. An welchen Stellschrauben gedreht werden müsste, erfährst du in diesem Kapitel.

Wir Eltern wollen doch eigentlich nur das Beste für unsere Kinder. Aber allein können wir dieses Anliegen gar nicht mehr stemmen. Um ihren Lebensunterhalt zu bestreiten, müssen in den meisten Familien beide Elternteile arbeiten. Das bedeutet für einige Kinder, dass nachmittags entweder nur ein Elternteil oder schlimmstenfalls kein Elternteil zu Hause ist. Bei alleinerziehenden Müttern oder Vätern erübrigt sich die Frage.

Schulen und Lehrkräfte sind allerdings auch überlastet. Eltern sollen nach ihrem beruflichen Alltag zu Hause noch Hausaufgaben kontrollieren und mitlernen. Es verwundert also nicht, dass die Nachfrage nach Nachmittagsbetreuung und -unterricht oder Ganztagesschulen wächst. Das andere Extrem sind Kinder und Jugendliche, die in teils mehreren Vereinen musikalisch und sportlich aktiv sind und dadurch Stresssymptome entwickeln und am Wochenende kaum mehr Erholungsphasen haben, weil sie ja noch lernen müssen.

Der Ausgleich zum Lernen ist für Jugendliche wichtig. Lernen und Schule müssen Lust machen, Lust auf mehr. Aber wie schaffen wir das? Statistisch erwiesen ist, dass die Leistungsfähigkeit um 8 Uhr morgens noch nicht auf dem Level ist, wo sie eine Stunde später, etwa um 9 Uhr ist.[2] Sollten wir also die Schule später starten lassen? Warum reduzieren wir die Schuljahre mit G8 und bauen damit noch mehr Druck auf? Nur damit die Jugendlichen möglichst schnell in der Wirtschaft arbeiten können? Es braucht andere, kreativere Ansätze.

Je nach Bundesland hat ein Schuljahr im Schnitt 40 Schulwochen, auf die der Lehrplan ausgerichtet ist. Nicht mit eingeplant sind hier die Unterrichtsausfälle durch Schulveranstaltungen, Exkursionen, Praktika und Krankheit. Das bedeutet, dass Lehrkräfte ohnehin den Bildungsplan nie zu hundert Prozent erfüllen können. Es geht nur durch Wegfall von Inhalten. Anstatt aber automatisch den Bildungsplan mit mehr Luft und Lockerheit zu gestalten, kommen immer neue Herausforderungen und Inhalte hinzu, etwa Digitalisierung und Inklusion. Das alles passiert, während der Lehrkräftemangel größer wird und Schülerinnen, Schüler und Lehrkräfte an Depressionen und Burn-out leiden.

Den einzigen Ausweg, den das Bildungssystem nun sieht, um den Lehrplan doch noch zu erfüllen, ist, die On-top-Arbeit nach Hause ins Elternhaus zu verlagern. Hier muss nun also weitergearbeitet werden. Aber bitte fördere deinen Teenager auch gleichzeitig in seinen Hobbys. Ach so, dein Tag hat auch nur 24 Stunden? In den folgenden Kapiteln wird es darum gehen, wie wir als Eltern mit diesen steigenden Anforderungen umgehen können.

Die Schülerinnen und Schüler haben längst schon eine Strategie entwickelt, um damit klarzukommen: Sie konzentrieren sich darauf, was sie tun müssen, um eine bessere Note zu bekommen. Inhalte werden dann bestenfalls reproduziert und sofort wieder vergessen. Ist das sinnvoll fürs Lernen? Sicher nicht! Es ist eine Überlebensstrategie in einem System, das hauptsächlich auf Leistung basiert und dessen Bildungsplan oft keine Alternativen erlaubt.

Was würde passieren, wenn er nicht erfüllt würde? Klassen hätten dann nicht das nötige Wissen für die Abschlussprüfungen, die gestellt werden (die sie im Übrigen in keiner Weise auf das reale Arbeitsleben vorbereiten). Die Telefone in den Schulämtern und Schulleitungsbüros würden heiß laufen. Denn besorgte Eltern würden eine riesige Welle machen: Es geht doch um die Leistung und den besten Abschluss für das Kind.

Gleichzeitig geht es in der Schule immer mehr darum, die Lehrerversorgung und den Vertretungsplan in völlig überfüllten Klassen und zu kleinen Klassenzimmern zu regeln. Die Kultusministerkonferenz empfiehlt allen Ernstes als die Lösung für Lehrkräfte: Mehrarbeit – und zum Ausgleich Yoga. Ob das auch für Eltern gilt?

Die Qual der Wahl der besten Schulart

Es lässt sich darüber diskutieren, ob die Aufteilung nach der vierten Klasse in verschiedene Schularten sinnvoll ist. Weder wir als Eltern noch das Kind selbst wissen zu diesem Zeitpunkt, wohin die berufliche Reise einmal gehen soll. Vielleicht stimmst du mir zu, dass diese Entscheidung zu früh kommt. Aber ändern können wir diesen Umstand derzeit nicht. Bis dahin müssen wir uns als Eltern die Frage stellen, wie wir die Kinder jetzt sicher beim Übergang an die richtige weiterführende Schule begleiten.

An Elternabenden müssen sich Mütter und Väter, die ihre Kinder in die Hauptschule „stecken“, immer rechtfertigen. „Waaas? Wieso geht denn dein Kind *nur* auf die Hauptschule?“ Deshalb stelle ich dir als leidenschaftlicher Lehrer an einer Haupt- und Werkrealschule nun die provokante Frage: Warum ist dein Kind denn *nicht* auf der Hauptschule? Ist es tatsächlich schlauer oder geht es dir nur um den vermeintlich besten Abschluss?

Ich frage deshalb so provokant, weil viele Kinder, die eine Real- oder auch Hauptschulempfehlung bekommen und ihr nicht folgen, in einer vermeintlich „höheren“ Schulart oftmals völlig demotiviert „runterfallen“.

Stell dir einmal Folgendes vor: Angenommen, dein Kind tut sich in der Grundschule schwer mitzukommen. Es kommt mit dem Leistungsdruck nicht klar, ist wenig selbstbewusst und schulmüde. Es sieht nur, was die anderen besser können, nicht, was es selbst schon alles kann. Am Ende der vierten Klasse bekommst du nun gesagt, dass es pädagogisch sinnvoll ist, deine Tochter oder deinen Sohn erst mal auf die Hauptschule zu schicken. Du möchtest aber nur das Beste, also meldest du dein Kind auf der Realschule an. Oder genauso: Hat dein Kind die Realschulempfehlung, meldest du es auf dem Gymnasium an. Nun können zwei Dinge passieren:

Erstens: Dein Kind schafft das super. Perfekt. Zweitens (und das ist leider häufiger die Realität, die ich erlebe): Dein Kind ist überfordert, da es auf der „höheren“ Schulart wieder nur das sieht, was die anderen alles besser können, nicht aber seine eigenen Qualitäten. Das geringe Selbstbewusstsein rutscht mitsamt den Noten weiter in den Keller. Resultat: Ein junger Mensch lernt: „Ich habe ja gar nichts drauf“ und fällt im System auf die „niedrigere“ Schulart. Für Lehrkräfte ist es nun Schwerstarbeit, dein völlig demotiviertes Kind wieder aufzupäppeln und sein Selbstvertrauen aufzubauen.

Wir als Eltern sind immer die Experten für unsere Kinder und Jugendlichen. Die Lehrkräfte sind allerdings die Experten für die schulische Laufbahn und die Pädagogik. Vertraue ihnen.

Ich kann die Beweggründe verstehen, das eigene Kind an der möglichst höchsten Schulart anzumelden. Gesellschaftlich ist das Abitur der Abschluss mit der größten Anerkennung, mit dem man angeblich das meiste erreicht. Also hat man doch eigentlich keine echte Wahl.

Hier könntest du dir ein paar Fragen stellen: Was ist denn das meiste? Ist es das meiste Ansehen oder das meiste Geld? Möchtest du, dass dein Kind aufgrund einer Schulart gesellschaftlich anerkannt ist? Oder möchtest du, dass dein Kind aufgrund seiner eigenen Fähigkeiten zu einem möglichst guten Ziel kommt? Denn als guter Handwerker oder in einem anderen mittelständischen Betrieb kann sich ein geschäftstüchtiger Mensch eine goldene Nase verdienen und erfährt Ansehen und Wertschätzung noch dazu – ganz ohne Abitur.

Die viel wichtigere Frage ist aber: Welche Schulart ist für dein Kind in seiner Entwicklung gerade im Moment gut? Diese Frage müssen wir uns als Eltern völlig losgelöst vom gesellschaftlichen Blick auf das Abitur beantworten. Denn hinter dem Wunsch nach dem Abitur steckt oftmals die Aussage: „Mein Kind soll auf das Gymnasium gehen. Es soll es mal besser haben als ich.“ Selbst einer meiner Schüler auf der Hauptschule sagte das. Einerseits konnte ich es verstehen, andererseits schmerzte es. Besser als wer, besser als was? Er degradierte gerade sich selbst und seine Leistung.

Die Schulleiterin einer Grundschule in Nordrhein-Westfalen, Anna Fröhlich, verweist darauf, dass die Empfehlungen der Lehrkräfte zum Übergang an weiterführende Schulen keine Entscheidungen sind. Für sie ist es wichtig, dass ein Kind seinen Möglichkeiten entsprechend lernen kann. Denn dann fühlt es sich wohl.[3]

Erinnere dich zurück, als deine Tochter oder dein Sohn ein Baby war. Als es noch nicht krabbeln konnte und andere Babys schon als Robben den Fußboden wischten. Was hast du damals gesagt? „Das kommt schon noch." Als es noch nicht laufen konnte, während andere schon die komplette Wohnung auf den Kopf gestellt haben, was hast du dann gesagt? „Das wird schon." Als es noch nicht Fahrrad fahren konnte und andere schon den Bürgersteig in Schlangenlinien unsicher gemacht haben, was hast du gesagt? „Jeder in seinem Tempo."

Einige Jahre später, mitten in der Grundschulzeit, die das Fundament für alles bildet, soll auf einmal dasselbe „Kommt schon noch, wird schon, jeder in seinem Tempo"-Kind im Gleichschritt in derselben Lerngeschwindigkeit wie scheinbar alle anderen vorankommen. Aus „Mein Eduard fährt schon ohne Stützräder. Deiner braucht halt noch Zeit" wird „Mein Eduard geht aufs Gymnasium. Wieso denn dein Kind nicht?"

In den Augen vieler Menschen ist der Hauptschulabschluss und die Schulart weniger wert als ein Abitur auf dem Gymnasium. Abitur will doch jeder für sein Kind. Einen Realschulabschluss? Naja, also gut! Aber bitte bloß keinen Hauptschulabschluss, damit kann man nichts erreichen! Was für ein Irrglaube!

Auch Unternehmen und Betriebe achten oft zu sehr auf den Abschluss und die Noten, obwohl inzwischen bekannt ist, wie wenig aussagekräftig eine Note ist. Zwar achten mittelständische Betriebe weniger auf Noten und mehr auf die Persönlichkeit und Fähigkeiten, gleichzeitig sind Noten bei großen Unternehmen aber noch das Kriterium für die Vorauswahl.[4]

EINBLICK: AM STAND AUF EINER AUSBILDUNGSMESSE

Ich: „Welchen Abschluss brauchen die Jungs und Mädels denn, um bei Ihnen eine Ausbildung zu bekommen?"

Ausbilder: „Mindestens den Realschulabschluss."

Ich: „Und was ist mit dem Hauptschulabschluss oder Werkrealschulabschluss? Das ist ja auch ein mittlerer Schulabschluss."

Ausbilder: „Also, Hauptschule leider nicht. Ähm, ja, also ... ja, ich weiß nicht ... einfach mal bewerben?"

Meine Schülerinnen und Schüler stehen ratlos neben mir, senken demotiviert die Köpfe.

Schüler: „Herr Zeitler, wir bekommen ja eh nichts. Können wir wieder gehen?"

Der Dialog zeigt ein trauriges Phänomen, das auch der Bildungsforscher Aladin El-Mafaalani beschreibt: „Wo früher kein Abschluss oder einfache Abschlüsse ausgereicht hätten, um eine berufliche Laufbahn einzuschlagen, benötigt man nun mittlere und höhere Abschlüsse."[5] Das Abitur wird wichtiger, andere Abschlüsse haben einen geringeren Wert. Gleichzeitig ist das Abitur kein Garant für eine Spitzenlaufbahn.

Es gibt noch einen weiteren Mitspieler: die Medienlandschaft, die ich 15 Jahre lang hauptberuflich mitgestaltet habe. Auch dort findet hauptsächlich das Gymnasium statt. Beispielsweise wurde während der Pandemie in Zeiten von Lockdowns und Schulschließungen mehrheitlich darüber gesprochen, wie wohl die Gymnasiasten durch das Abitur kommen. Vielleicht wurde noch in einem Halbsatz die Realschule erwähnt. Alle anderen Schularten existierten im öffentlichen Interesse kaum.

Aus Sicht der Medien ist das logisch: Warum sollte man über etwas berichten, was niemanden interessiert? Wie sollte es aber auch jemanden interessieren, wenn niemand darüber berichtet? Willkommen im Teufelskreis.

EINBLICK: WÄHREND DER PANDEMIE IN DER ABSCHLUSSKLASSE

Werkrealschüler: „Herr Zeitler, warum schreibt eigentlich keiner mal darüber, wie wir uns fühlen?"

Ich: „Ich weiß es nicht. Das heißt, doch: weil es leider keine Verkaufszahlen bringt." Dazugedacht habe ich mir: „... und weil sich Medien und Gesellschaft leider nicht für unsere Schulart interessieren."

Wir sollten politisch und gesellschaftlich endlich allen Schularten und Leistungsstufen die gleiche Beachtung und Wertschätzung schenken. Zu behaupten, Schulen könnten allen Leistungsstufen in einer Klasse mit den unterschiedlichsten Schülerinnen und Schülern so gerecht werden, wie diese es brauchen, halte ich für kompletten Irrsinn. Es mag Klassen und Schularten geben, an denen das funktioniert, ohne Frage. Aber nicht für alle Jugendlichen ist es das Richtige: Es gibt nun mal Kinder und Jugendliche, die auf ihrem Bildungsweg mehr Unterstützung benötigen. Das ist völlig in Ordnung so! Und diese Unterstützung sollten sie auch bekommen!

TIPPS FÜR ELTERN

- Nimm den Ratschlag der Lehrkraft deines Kindes an. Sie sind die Experten für Schule.
- Auch wenn Noten nicht alles sind, sie geben doch Hinweise.
- Schau dir gemeinsam mit deinem Kind alle Schularten an, die infrage kommen. Jede Schule bietet einen Tag der offenen Tür mit Informationsveranstaltungen an.
- Frag bei den Favoriten nach, ob es für dein Kind die Möglichkeit gibt, in den Unterricht hineinzuschnuppern.
- Hör nicht auf das, was andere Eltern sagen.
- Lass dich nicht davon beeinflussen, was andere über Schularten sagen. Bilde dir deine eigene Meinung.
- Überlege genau, was *jetzt* gut für dein Kind ist.
- Reflektiere die letzten Schuljahre in Bezug auf den Umgang mit Leistungsdruck.
- Informiere dich über mögliche Lernhilfen außerhalb des Unterrichts.
- Nimm den Druck raus. Schule und Lernen sollen Spaß machen!
- Mach deinem Kind deutlich, dass es jederzeit mit deiner Hilfe rechnen kann.

Den Fokus mal anders setzen

Kaum auf der weiterführenden Schule angekommen, wird schnell klar: Es gibt nur ein Gas, nämlich Vollgas! Auf den meisten Elternabenden wird uns Eltern erklärt, wie die Notenzusammensetzung aussieht und welche Inhalte in den Fächern thematisiert werden. Mit Glück erwischt deine Tochter oder dein Sohn eine Lehrkraft, die auch das Bedürfnis der Schülerinnen und Schüler nach Sicherheit und Wertschätzung im Blick hat, sodass echtes Wachstum und Lernen stattfinden kann.

Die nötigen Kompetenzen im späteren Berufsleben haben sich verändert: Teamfähigkeit bei gleichzeitigem eigenständigem Handeln, Kreativität, lösungsorientiertes Denken anstatt Dienst nach Vorschrift, Arbeiten unter Einbeziehung von Medien, Auswerten und Bewerten von Informationen usw.

In den Bildungsplänen sind diese Kompetenzen bereits verankert. Nach dem 4K-Modell werden insbesondere die Kompetenzen Kreativität, kritisches Denken, Kommunikation und Kollaboration gefördert. Um diese Kompetenzen in Gänze auszubilden, braucht es jedoch Zeit. Zeit, die in den durchschnittlich 40 Schulwochen oft fehlt und von engagierten Lehrkräften zulasten anderer Inhalte einfach genommen wird. Gleichzeitig dürfen die nächsten Klassenarbeiten nicht aus dem Blick geraten, denn am Ende des Tages zählt die Note.

Auch durch ausführliches Feedback zur Leistung geht oft Unterrichtszeit „verloren“. Es ist aber wichtig zu verstehen, dass diese Zeit auf das Konto der Kompetenzen einzahlt, wenn die Jugendlichen auch verstehen, warum sie eine bestimmte Note erlangt haben. Zu einer guten Bildung gehört mehr als nur der Notendurchschnitt. Ein Beispiel: Wenn du von Projekttagen oder Projektwochen hörst, kannst du zwei Dinge denken. Entweder du siehst, welche Lehrplaninhalte alle gerade nicht gemacht werden, oder aber du siehst, welche Erfahrungen dein Kind in dieser Zeit macht, die es höchstwahrscheinlich im Leben um einiges weiterbringen werden als die Inhalte aus dem Lehrplan.

An meiner Schule veranstalten wir immer wieder einzelne Projekttage, in denen wir Teambuilding-Maßnahmen durchführen. An der Schule meiner Tochter gab es für eine Woche ein Zirkusprojekt mit abschließender Aufführung. An anderen Schulen gibt es Schülerfirmen und ähnliche Projekte. Immer wieder werden wir von Eltern gefragt: „Findet denn da gar kein Unterricht statt?“, „Schaffen Sie dann überhaupt den Stoff?“

Die Antwort ist: „Das ist Unterricht, das ist echtes Lernen fürs Leben. Auch wenn wir dadurch nicht alles im Lehrplan schaffen. Den hätten wir sowieso nie geschafft.“ Dein Gedanke als Elternteil darf also sein: „Weil mein Kind diese Erfahrungen gemacht hat, geht es nun weiter mit Freude und Selbstbewusstsein in die Schule und wird wahrscheinlich sogar besser lernen als vorher.“

Chancenungleichheit ist Realität

Ich bin der festen Überzeugung, dass dein Teenager mit deiner Hilfe alles schaffen kann. Das Schulsystem ist nach „oben“ genauso durchlässig wie nach „unten“. Du wirst schon gemerkt haben, dass mir dieser hierarchische Gedanke der Schularten nicht gefällt, denn alle Schularten haben ihre Daseinsberechtigung.

Dazu gehören meiner Erfahrung nach aber auch zwei Phänomene. Erstens bleiben Schülerinnen und Schüler, die eine sogenannte multilaterale Bildungsempfehlung für eine „höhere“ Schulart haben, gern auf ihrer derzeitigen Schulart. Sie haben Angst, wieder zu versagen. Zweitens haben Schülerinnen und Schüler gar keine Chance, weiter aufzusteigen, weil ihnen der Rückhalt von zu Hause sowie das Zutrauen und die Ressourcen der Lehrkräfte fehlen.

Das Bildungssystem verlässt sich darauf, dass jedes Kind hoffentlich die richtige Lehrkraft bekommt, die so motiviert und engagiert ist, dass sie alle über 25 Kinder in einer Klasse individuell sehen und fördern kann ein unwahrscheinlicher Glücksfall. An vielen Stellen fördert Schule eher die Chancenungleichheit, genau wie unsere

Gesellschaft im Allgemeinen. Das wird sich vielleicht auch nie komplett ändern lassen, aber es ist wichtig, dafür sensibel zu sein.

Die Ungerechtigkeit macht sich etwa beim Thema Hausaufgaben bemerkbar. Das Schulsystem suggeriert, dass man weiterkommt, wenn man Hausaufgaben macht. Aber nicht alle haben den Rückhalt von zu Hause und einen Arbeitsplatz, um sie zu erledigen. So gibt es dann die Schülerinnen und Schüler, die die Hausaufgaben machen, die, die sie nie machen, und diejenigen, die sie nur abschreiben. Hausaufgaben befeuern die Bildungsungerechtigkeit. Zumal sie nur dann Sinn machen, wenn es zu Hause Erwachsene gibt, die die Hausaufgaben fachlich und pädagogisch begleiten, was durch die familiäre Arbeitssituation nicht immer leistbar ist.

Der Soziologe Aladin El-Mafaalani bestätigt, dass Eltern im Bildungssystem eine sehr große Rolle spielen. Das Bildungssystem setzt immer noch eine starke Elternbeteiligung voraus.[6] Mit dem Wissen um die berufliche Situation und Arbeitswelt von Familien kann das nur zur Ungleichheit führen. Es hängt so viel von dir als Elternteil ab und wie du deinen Teenager unterstützt, um erfolgreich im Bildungssystem zu sein. Nicht alle haben die finanziellen Möglichkeiten, um ihr Kind musikalisch und sportlich in Vereinen zu fördern.

Diese außerschulischen Gelegenheiten haben allerdings einen positiven Effekt auf die Motivation und Lernstrategien innerhalb der Schule.[7] Studien zeigen, dass vor allem Jugendliche im Gymnasium viele verschiedene Hobbys und Freizeitaktivitäten gleichzeitig wahrnehmen,[8] was auch eine Frage der finanziellen Möglichkeiten ist. Aladin El-Mafaalani weist auf die Notwendigkeit hin, Musikschulen, Kunst- und Sportvereine in das Schulleben zu integrieren. An manchen Schulen mit Ganztageskonzepten wird das schon erfolgreich umgesetzt, wenn genug Geld für die nötigen Gebäude und Flächen vorhanden sind, was oft nicht der Fall ist.[9] Es gibt also gute

Gründe, warum manche Lehrkräfte Jugendliche nicht mehr nach ihren Hobbys fragen oder wie die Ferien waren. Während die einen von ihren Erfolgen beim Fußballturnier, ihrem neuen Instrument oder dem Urlaub am Strand berichten, verstummen die anderen in Gedanken an ihre Ferien auf Balkonien. Die Chancenungerechtigkeit wird hier direkt spürbar.

Die Abwertung und das Ansehen der verschiedenen Schulabschlüsse tragen den Rest zur Ungerechtigkeit bei. Ich kann nur immer wieder daran appellieren, dass wir *jeden* Abschluss benötigen und jeder Mensch gleich viel wert ist. Wieso maßen wir uns an, aufgrund von Schulart, Herkunft oder sozialen Hintergründen auf andere herabzuschauen? Ich möchte mich für den Gedanken stark machen, dass alle Berufe, alle Menschen und alle Schularten gleich viel wert sind. Hier kommst du ins Spiel. Denn du kannst die Perspektive auf die Jugendlichen ändern.

Jugendliche endlich wertschätzen

Der demografische Wandel zeigt, dass es immer weniger junge Menschen in der Gesellschaft gibt, die die Zukunft der Älteren sichern können. Und mit diesen wenigen jungen Menschen gehen wir oft auch noch schlecht um. Durch die Abwertung von Bildungsabschlüssen und Berufen und das Ignorieren von sozialen Nöten und Kompetenzen werden zwei Lager geschaffen: die Jugendlichen, die über sich hinauswachsen können, und die, die ihren eigenen Wert nicht erkennen. Sie haben kein Selbstvertrauen und keine Idee davon, dass sie wertvoll für die Gesellschaft sind und wie sie sich in dieser, für beide Seiten gewinnbringend, einbringen sollen.

Die Wichtigkeit von Schülerinnen und Schülern wird zwar von der Politik betont, gleichzeitig wird an dieser Stelle aber gespart bzw.

nicht genug investiert. Weil Eltern immer mehr Geld für ihren Lebensunterhalt aufbringen müssen und Ganztagsschulen noch nicht flächendeckend etabliert sind, bleiben viele Jugendliche nachmittags allein zu Hause – ohne Unterstützung.

So werden wir langfristig diejenigen komplett verlieren, die nicht in das aktuelle Schulsystem passen. Sie haben keine Chance auf dem Arbeitsmarkt. Denn wenn Jugendliche ihren Wert nicht kennen und kein Ziel haben, kommen sie auch nicht ins Lernen. Andersherum gesagt: Wenn Jugendliche ihr Ziel kennen, werden sie den Sinn von Schule erkennen und lernen.

Dieses Ziel muss allerdings mehr als der Abschluss sein. Es muss sinnstiftend sein und einen höheren Wert als ein Zeugnis besitzen. Im besten Fall ist es ein Traumberuf in Kombination mit gesellschaftlicher Anerkennung. Aber welche Berufe sind am meisten anerkannt? Am ehesten die, für die man offiziell das Abitur benötigt. Du merkst, worauf ich hinauswill. Der pandemische Applaus für Pflegepersonal und Kassiererinnen und Kassierer war schön, hielt aber nicht lange an – weder politisch noch gesellschaftlich. Oder wann hast du dich das letzte Mal an der Supermarktkasse bedankt?

Der Fachkräftemangel ist eine Chance

Jugendliche sind laut der Bundesagentur für Arbeit hinsichtlich ihrer beruflichen Zukunft nur wenig optimistisch. Und das, obwohl der Fachkräftemangel durch den demografischen Wandel so hoch ist wie nie zu vor. Dadurch ist es verhältnismäßig leicht, eine Ausbildung zu bekommen. Interessant ist auch, dass es Jugendlichen nicht darum geht, unbedingt erfolgreich zu sein. Status, Erfolg und Aufstiegschancen sind weniger wichtig als der Spaß im Beruf, gute und abgesicherte Lebensverhältnisse, Gesundheit und Balance.[10]

Gleichzeitig sind immer mehr Lehrstellen frei, und vor allem das Handwerk und der Sozialbereich suchen händeringend Azubis. Noch nie hatten es Jugendliche so leicht, eine Ausbildung zu bekommen. Wir brauchen alle diese Berufe. Handwerkliche Betriebe zahlen häufig ein gutes Ausbildungsgehalt und übernehmen ihre Azubis oft. Doch die Chance bleibt liegen, denn es mangelt an der Wertschätzung der Berufe.

Viele Jugendliche scheuen die freien Ausbildungsplätze im Handwerk auch deshalb, weil sie häufig schlechter bezahlt werden als der vermeintlich weniger anstrengende Bürojob und zudem oft unangenehme Arbeitsbedingungen beinhalten. Solange studierte Menschen ein höheres Ansehen genießen als der Fliesenleger, der für uns auf Knien rutscht, um es mit deutlichen Worten zu sagen, brauchen wir uns über den Fachkräftemangel nicht zu wundern. Wir brauchen alle diese Berufe. Und trotzdem gehen die meisten Jugendlichen auf das Gymnasium und erlangen das Abitur. Einerseits bewerten wir das Abitur als den höchsten Abschluss und alle anderen Abschlüsse als weniger wert. Andererseits sind wir froh, wenn wir überhaupt noch einen qualifizierten Handwerker finden. Bemühen wir folgendes Bild: Wir haben viele studierte Architekten, die das Haus planen. Aber nur noch wenige ausgebildete Handwerker, die es auch bauen können.

Auf der anderen Seite: Immer mehr Abiturienten, fast die Hälfte beginnen eine Ausbildung.[11] Meistens benötigen sie dafür gar kein Abitur und sind mit ihrem Abschluss überqualifiziert. Abiturienten verdrängen so Jugendliche aus anderen Schularten vom Arbeitsmarkt.[12] Es kommt sogar vor, dass Hochschulabsolventen nach ihrem Studium noch in einen Ausbildungsberuf wechseln. Die Betriebe selbst sind hier ambivalent: Einerseits nehmen sie Abiturienten gern, weil sie oftmals bessere Noten haben und in den Berufsschulen müheloser mitkommen. Andererseits stellen Betriebe immer wieder fest, dass Schülerinnen und Schüler aus den angeblich „niedrigeren“ Schularten für den Beruf oft besser geeignet sind, auch wenn ihre Noten nicht „gut“ sind, weil sie besser zupacken können.

EINBLICK: NOTEN VS. BEGABUNG

„Ich habe noch nie so einen tollen Praktikanten erlebt. Ich kann ihn aber mit diesen Noten nicht nehmen.“

Diesen Satz sagte ein Ausbilder zu mir über einen meiner Schüler. Seine große Leidenschaft waren Landmaschinen. Er wollte Landmaschinen-Mechatroniker werden.

Der Betriebsleiter war begeistert von seinem Wissen und seinen Fähigkeiten. Er nahm meinen Schüler aber nicht, weil er in Mathe zu „schlecht“ war. Der Leiter befürchtete, dass mein Schüler in der Berufsschule nicht mitkäme. Ich war mir sicher, dass mein Schüler in der Berufsschule Vollgas gegeben hätte, wenn er die Chance auf seinen Traumjob bekommen hätte.

Zum Glück ist dieser Fall nicht die Regel, denn nicht alle Ausbilder schauen nur auf die Noten.

DIE VIELFÄLTIGEN ANFORDERUNGEN AN SCHULE UND JUGENDLICHE

Die Belastung in Schulen steigt für alle Beteiligten, Entlastung ist nicht in Sicht, immer mehr Aufgaben kommen hinzu. Dieser Druck überträgt sich direkt auf die Jugendlichen, die in ihren jungen Jahren weitreichende Entscheidungen treffen und sich entwickeln sollen und gleichzeitig flexibel bleiben müssen.

Stell dir einen Jenga-Spielturm vor. Anstatt das Fundament standhaft auszubauen, werden immer mehr Lücken sichtbar. Gleichzeitig wird oben immer mehr draufgepackt. Eine wacklige Angelegenheit. Bis der Turm umfällt. Das Faszinierende am Schulsystem ist, dass es nicht umfällt, weil es noch genug Menschen gibt, die den Turm stützen und behaupten: „Das geht schon noch."

Dabei liegen die Lösungen, um aus dieser Zwickmühle herauszukommen, auf der Hand. Strukturen und Räume müssen revolutioniert und umgebaut werden. Es braucht überall mehr: mehr Personal, mehr Teams, mehr Zeit und vor allem mehr Pädagogik und Beziehungsarbeit. Gleichzeitig braucht es weniger Stoff, andere Prüfungsformate, weniger Noten, keine Hausaufgaben und keine

Strafarbeiten, sondern echte Konsequenzen. Wir brauchen Ganztagskonzepte, die nicht nur auf dem Rücken der Schulen aufgebaut werden. Um den Wert und Selbstwert der Jugendlichen zu steigern, braucht es mehr Praxisbezug im Unterricht, Sozialtraining, Medienkompetenz und viel mehr Praktika.

Mehr Praxisbezug, mehr Soziales

Den Praxisbezug versuchen Lehrkräfte immer wieder in den Unterricht mit einzubauen. Aber auch das ist oftmals Arbeit on top, in Form von Exkursionen oder in Stunden, die so im Bildungsplan nicht vorgesehen sind. Im Gegenteil, in praktischen Fächern wie beispielsweise Technik wird der Praxisanteil in den Bildungsplänen oft noch zugunsten des Theorieanteils gekürzt, um dadurch eine Leistung vermeintlich objektiver in einer Note darstellen zu können. Explizite Stunden für Sozialtraining sind nicht vorgesehen, können aber von Schulen selbstständig in den Stundenplan mit eingebaut werden.

EINBLICK: MITEINANDER LEBEN LERNEN

In Baden-Württemberg kann jede Schule einen Teil der Kontingentstunden für das Schulcurriculum einsetzen. An unserer Schule wird so das Fach „Miteinander leben lernen“ zusätzlich in den Stundenplan integriert, um unser pädagogisches Schulprofil zu stärken.

Hier thematisieren wir den Umgang miteinander und mit sich selbst in den Bereichen Kommunikation, Respekt, Gemeinschaft, Umgang mit Gefühlen, Konfliktfähigkeit, Selbstwertgefühl und Konzentration, Gesundheit und Toleranz, und zwar nicht nur einmal in der Woche – wir leben das Profilfach in jeder Minute an unserer Schule.

Natürlich ist auch das Thema Medienkompetenz an den Schulen Thema, meistens verankert im Fach Deutsch oder in einem Computer- oder Informatikwahlfach. Zusätzlich kommen externe Präventionsprojekte in die Schulen, beispielsweise von der Polizei. Offen gesprochen genügt das nicht, um eine wirkliche Medienkompetenz auszubilden. Es braucht mehr Unterrichtszeit, die von den durchschnittlich 40 Wochenstunden abgezwackt werden muss, sowie Fortbildungen für die Lehrkräfte, die die Stunden halten sollen.

Zum Thema Computer-/Informatikwahlfach: Wenn sich Jugendliche auf Praktika bewerben, geht der Lehrplan davon aus, dass Schülerinnen und Schüler ausreichende Kenntnisse in Textverarbeitungsprogrammen haben oder mal eben schnell in der Schule beigebracht bekommen. Leider verfügt aber nicht jeder Haushalt über einen Computer mit Drucker. Im Computer-/Informatikwahlfach, in dem man eigentlich Programmieren lernen soll, bringen Lehrkräfte also die Grundlagen der Textverarbeitung bei und lassen während der Unterrichtszeit Bewerbungen schreiben. Das passiert nicht nur einmal, sondern für jedes Praktikum, und später auch für die Ausbildung. Warum? Um gegen die Chancenungerechtigkeit anzukämpfen und auch denjenigen eine ordentliche Bewerbung zu ermöglichen, die zu Hause keine technischen Möglichkeiten dazu haben.

Praktika sind in allen Bundesländern und Schulen unterschiedlich organisiert. Es beginnt bei Betriebserkundungen und geht über Sozial- und Betriebspraktika bis hin zu einzelnen Aktionstagen wie dem Boys' Day und Girls' Day. Die Schwierigkeit darin besteht, dass auch das in der Fülle und mit der nötigen Vor- und Nachbereitung nicht wirklich in das Zeitmanagement der Lehrpläne passt. Auch hier wieder: Arbeiten obendrauf. Zusätzlich besuchen die Klassenlehrkräfte jeden einzelnen ihrer Schützlinge in den Betrieben, um einen Eindruck zu bekommen, an welchen Stellschrauben der Berufsorientierung weitergedreht werden muss. Das passiert, je nach Arbeitszeit, am Vor- und Nachmittag und bedeutet für die anderen Klassen der Lehrkraft Unterrichtsausfall oder Vertretungsstunden.

Die bisherigen Punkte waren im Vergleich nur die kleinen Herausforderungen. Lass uns gemeinsam auf die großen Aufgaben gucken.

Inklusion muss selbstverständlich sein

Immer häufiger werden Schulen und damit auch du als Elternteil damit konfrontiert, dass sogenannte Regelschüler mit Schülern mit „Behinderung" in einer Klasse lernen sollen. Manche Eltern haben Angst, dass ihre Kinder dabei auf der Strecke bleiben. Schließlich liege der Fokus auf den besonderen Ansprüchen dieser Kinder. Ich kann diese Bedenken verstehen, möchte dir aber die Angst nehmen.

Inklusion ist eine echte Bereicherung und die Basis für eine tolerante Gesellschaft. Wenn wir von Inklusion sprechen, muss zuerst definiert werden, wer hier überhaupt inkludiert werden soll. Die Rede ist von Schülerinnen und Schülern, die in unterschiedlichen Bereichen einen Förderschwerpunkt diagnostiziert bekommen und somit Anspruch auf ein sonderpädagogisches Bildungsangebot haben. Der Förderschwerpunkt L steht für Lernen, G betrifft eine Beeinträchtigung in der geistigen Entwicklung und E fördert die emotional-soziale Entwicklung. Mit anderen Förderschwerpunkten wie Hören, Sehen, körperlich-motorische Entwicklung und Sprache haben Regelschulen seltener zu tun. Inklusion bedeutet, dass diese Jugendlichen in die Klasse integriert sind und auch zu dieser gehören.

EINBLICK: MEIN INKLUSIVER SCHULALLTAG I

An unserer Schule gibt es kooperative Organisationsformen von Inklusion mit Kindern aus dem Förderschwerpunkt G. Hier arbeitet die Klassenlehrkraft zusammen mit den Sonderpädagoginnen und -pädagogen des Sonderpädagogischen Bildungs- und Beratungszentrums direkt in einem Raum. Dabei sind enge Absprachen nötig, wobei die Fachkräfte sich um die Aufbereitung der Materialien selbst kümmern oder sie in gemeinsamen Teamsitzungen erstellen.

Der Unterricht wird gemeinsam mit der Regel-Klassenlehrkraft geplant und durchgeführt, dabei sind alle Lehrkräfte für alle Lernenden da. Auch die Elterngespräche führen sie selbst. Gleichzeitig gibt es die Möglichkeit, die Kinder in entsprechenden Phasen aus dem Regelunterricht herauszunehmen und in einem eigenen Klassenzimmer zu unterrichten. Meisten ist die Gruppe aber gemeinsam in einem Zimmer.

In manchen Klassen befinden sich Regelschülerinnen und -schüler, Lernende mit dem Förderschwerpunkt G und Kinder mit dem Schwerpunkt L. Das führt dazu, dass zeitweise fünf Lehrkräfte in der Klasse sind: die Klassenlehrerin, zwei Sonderpädagogen für die Kinder mit Förderschwerpunkt G, ein Sonderpädagoge mit Schwerpunkt L, und einmal in der Woche nehme dann ich noch eine Gruppe, um mit dieser in den Computerraum zu gehen. Wir sprechen hier allerdings von einer absoluten Luxuslösung, die so nur überaus selten durchzusetzen ist und durch Vertretungssituationen nicht oft zustande kommt.

Meine aktive Erfahrung mit der Beeinträchtigung im Bereich E beschränkt sich auf ein Jahr, in dem ich als Fachlehrer eine Schülerin mit diesem Förderschwerpunkt hatte. Diese hatte aber bereits eine Schulbegleitung zur Seite, die sich während des Unterrichts immer wieder um sie gekümmert hat. Für manche mag das im ersten Augenblick ungewohnt sein, ich fand es immer unglaublich bereichernd.

Lernbeeinträchtigungen

Der häufigste Bereich in der Inklusion an Schulen ist vermutlich Förderschwerpunkt L, also Jugendliche mit einer Lernbeeinträchtigung. Sie benötigen in einigen Dingen mehr Zeit als andere und können manche Ziele der Regelschule eventuell nie erreichen. Hierzu steht ihnen ein Sonderpädagoge zur Seite, der differenziert, individualisiert und veranschaulicht. Inklusion bedeutet, dass diese Jugendlichen in die Klasse integriert sind und auch zu dieser gehören. In den Nebenfächern werden sie von der Klassenlehrkraft inklusiv-differenziert beschult und versuchen eventuell sogar im normalen Tempo mitzukommen. Klappt das nicht, bekommen sie Unterstützung. Klassenarbeiten werden differenziert bewertet. In den Hauptfächern steht mir unser Sonderpädagoge zur Seite. Entweder bleibt er mit mir gemeinsam im Unterricht oder geht mit den betroffenen Schülerinnen und Schülern in einen eigenen, ruhigeren Raum, um kleinschrittiger erklären zu können. Nach der Schullaufbahn werden Jugendliche mit sonderpädagogischem Förderbedarf weiterhin durch Reha-Berufsberater während des Übergangs in die Berufswelt begleitet.

Der genaue Ablauf der Inklusion ist ebenso individuell wie die Förderschwerpunkte selbst. Wichtig dabei zu wissen ist, dass in jedem Falle sonderpädagogische Fachkräfte mit in der Klasse sind. Diese fokussieren sich auf ihre Kinder, die Regellehrkräfte auf die restlichen Jugendlichen der Klasse. Zur Wahrheit gehört auch, dass es zu wenige Sonderpädagogen gibt.

Es ist nicht selten, dass sich diese so wertvollen sonderpädagogischen Fachkräfte auf viele Schulen gleichzeitig verteilen. Ohnehin dürfen Schulen froh sein, wenn sie überhaupt auf einen Sonderpädagogen zurückgreifen können. Manche Schulen bräuchten dringend derartige Fachkräfte, haben aber keine, weil es zu wenige gibt. Die Folge ist, dass viele Lehrkräfte die sonderpädagogische Inklusion selbst in die Hand nehmen müssen, sich einlesen und versuchen, den Schülerinnen und Schülern je nach Förderschwerpunkt gerecht zu werden. Das klingt und liest sich nicht nur unfair und herausfordernd, sondern wird auch weder den Ansprüchen der Jugendlichen noch des Lehrpersonals gerecht! Die Inklusion ist wichtig und richtig, bedeutet aber natürlich für alle Mehrarbeit und mehr Absprachen.

Bei Teenagern mit sonderpädagogischem Förderbedarf spielt das Erlernen der Selbstständigkeit eine große Rolle in der Inklusion an der Regelschule. Unter den aktuellen Rahmenbedingungen kann Inklusion nur dann gelingen, wenn die Schülerinnen und Schüler lernen, sich immer mehr selbst zu organisieren. Denn oft gilt für sie ein anderer Stundenplan, teilweise mit Hohlstunden, die sinnvoll genutzt werden sollten. Inklusion bedarf also auch einer hohen Selbstständigkeit und Motivation.

Durch einen offenen Umgang der betroffenen Jugendlichen mit der Situation kommt es innerhalb der Klasse nicht zu Unstimmigkeiten über eine etwaige Sonderbehandlung. Deshalb ist es wichtig, dass du als Elternteil deinem Teenager mit oder ohne Förderbedarf deutlich machst, dass Stärken und Schwächen eines jeden Menschen unterschiedlich ausfallen und es in einer Gemeinschaft auch darum geht, sich gegenseitig zu unterstützen.

Anders mag das vielleicht mit anderen Förderschwerpunkten sein, bei denen die Beeinträchtigung körperlich offensichtlicher ist. Hier geht es darum, die Sozialkompetenz der Klasse zu stärken. Sonderpädagogische Lehrkräfte leisten hier zusammen mit den Klassenlehrkräften großartige Arbeit.

Keine Angst vor Stigmatisierung

Manche Eltern haben Angst, dass ihre Kinder und Jugendlichen stigmatisiert werden, wenn ein sonderpädagogischer Förderbedarf diagnostiziert und auch in Anspruch genommen wird. Sie verweigern dann die Durchführung. Ich kann dir sagen: Dadurch werden Kinder erst recht stigmatisiert und demotiviert. Der Anspruch wurde schließlich fachkompetent und gut begründet festgestellt. Wird die Schülerin oder der Schüler nun nicht entsprechend gefördert, können Leistung und Lernentwicklung nicht so erfolgen, wie es mit sonderpädagogischer Hilfe möglich wäre.

Ein erfolgreicher Abschluss und spezielle Hilfe für den Übergang in den Arbeitsmarkt werden so, neben der geringen Entwicklung des Selbstwertgefühls, aufs Spiel gesetzt. Denn ein Jugendlicher, der nachgewiesenermaßen Unterstützung braucht und diese nicht gewährt bekommt, kann auf Dauer nicht mithalten. Übrigens: Es gibt auch die Möglichkeit, nach einer gewissen Zeit der sonderpädagogischen Unterstützung wieder in die Regelbeschulung zurückzukehren. Manche Jugendlichen benötigen nur eine kurze Phase des Unter-die-Arme-Greifens.

EINBLICK: MEIN INKLUSIVER SCHULALLTAG II

Meine ersten Erfahrungen in einer Klasse mit den Förderschwerpunkten L und G waren von gegenseitiger Rücksicht geprägt. Die Kinder ohne Beeinträchtigung achteten penibel darauf, dass ich als Lehrer, der die Situation anfangs noch nicht so gewohnt war, alles richtig und nicht zu schnell mache. Sie führten mich sozusagen als Erwachsenen in ihre kooperativ-inklusive Welt ein. Das fand ich sehr wertvoll und bereichernd. Ebenso beobachtete ich immer wieder Regelschüler, die sehr aufgeschlossen und empathisch den

Kindern mit Förderschwerpunkten halfen, ohne dabei selbst auf der Strecke zu bleiben.

In einer anderen Klasse war ich als Fachlehrer nur einmal in der Woche im Unterricht. Ein Teenager hatte Epilepsie. Die Jugendlichen kannten das Verhalten während eines Anfalls besser als ich. Während ich mit dem Rücken zur Klasse an die Tafel schrieb, hörte ich: „Herr Zeitler, warten Sie kurz!" Ich drehte mich um und konnte gar nicht so schnell schauen, wie die Klasse Tische und Bänke zur Seite schob, die Eltern des Teenagers informierten und sich gleichzeitig angemessen um ihn kümmerten.

Seit einigen Jahren inkludieren Schulen nicht nur Förderschwerpunkte, sondern integrieren auch geflüchtete Kinder und Jugendliche aus Kriegsgebieten. Das stellt Schulen und ihre Lehrkräfte vor die große Herausforderung, nicht nur der bisherigen Klasse gerecht zu werden, sondern zusätzlich Schülerinnen und Schüler mit einer hohen Sprachbarriere mitzuziehen. Trotzdem laufen sie bereits nach ein bis zwei Jahren ganz „normal" in der Regelklasse mit. Sie werden dann auch regulär benotet, trotz der schriftlichen und mündlichen Sprachprobleme. Was für ein Irrsinn!

Inklusive Hilfe und Zusammenarbeit unter Jugendlichen ist wertvoll für die Gesellschaft und zahlt auf das Konto der sozialen Kompetenzen ein. Wenn wir eine Gesellschaft wollen, die alle Menschen integriert, alle „Behinderungen" sieht, müssen wir in der Schule anfangen.

Wenn dein Teenager sonderpädagogischen Förderbedarf hat,

- geh mit ihr oder ihm ins Gespräch, aber triff selbst die Entscheidung zu seinem oder ihrem Wohl.
- lass dich umfassend und umfangreich beraten. Beraten können dich Lehrkräfte, Sonderpädagogen, sonderpädagogische Beratungsstellenzentren und das Schulamt.

- schau genau hin und suche die beste Schulmöglichkeit für dein Kind. Nicht für jeden Jugendlichen ist Inklusion die beste schulische Lösung.
- bleibe über die ganze Schulzeit im engen Austausch mit den Lehrkräften, deinem Jugendlichen, externen Fachkräften (Ergotherapeuten, Logopäden) und ab den höheren Klassen auch mit den Reha-Berufsberatern, damit es nach der Schule weitergeht.

TIPPS FÜR ELTERN

- Sei offen für eine bunte Gesellschaft!
- Je früher dein Teenager mit Menschen mit Förderbedarf in Berührung kommt, desto früher kann er oder sie soziale Kompetenz und Empathie ausbauen.
- Je toleranter Jugendliche sind, desto besser wird die Gesellschaft später funktionieren.

Digitalisierung ist ein Abenteuer

Natürlich macht die Digitalisierung vieles einfacher – wenn sie denn funktioniert. Durch den Digitalpakt konnten in Schulen viele digitale Endgeräte angeschafft werden. Aber noch immer sind nicht alle Gelder abgerufen.

Eltern sind verständlicherweise oft erbost, weil die Politik sehr schnell über die Medien kommuniziert, welche Förderprogramme sie aufgestellt haben. Aber der Aufwand, der für die Schulen dahintersteckt, um an diese Gelder zu kommen, gestaltet sich schwieriger, denn die bürokratischen Hürden sind hoch.

Mit Glück hat die Schule bzw. der Schulträger eine IT-Firma an der Hand, die unterstützen kann. Zu Hochzeiten war ich als Medienbeauftragter Mittelsmann zwischen IT-Firma, Schulleitung, Kollegium, Schulträger und drei externen Firmen. Zeitgleich arbeiten sich Lehrkräfte selbstständig in die Technik ein oder besuchen im besten Falle Schulungen, um die sie sich jedoch selbst kümmern müssen. Dazu kommen Netzwerkverbindungen, WLAN und nicht zuletzt das sehr unterschiedlich ausgeprägte technische Verständnis und Interesse der Lehrkräfte – die Digitalisierung bleibt ein Abenteuer mit viel Frust.

Ich möchte dir am Beispiel meiner Schule schildern, wie kompliziert sich die Bürokratie gestaltet, die zur eigentlichen Arbeit als Lehrkraft noch hinzukommt. Zuerst sollen zu bestimmende Lehrkräfte medienpädagogische Konzepte erstellen. Diese müssen dann mit der Schulleitung und dem gesamten Kollegium abgestimmt werden. Die Ausführung gipfelt in mehrseitigen Antragsformularen, die der Schulträger prüft und entweder durchwinkt oder noch mal zur Überarbeitung zurückschickt.

Die nächste Hürde ist die Ausschreibung, an die der Schulträger als Kommune gebunden ist. Die Anschaffung der nötigen Geräte darf also nicht an eine beliebige Firma vergeben werden. Bis es zum Zuschlag kommt, kann es bis zu einem Jahr oder länger dauern. Nach Verzögerungen aufgrund von Lieferschwierigkeiten sollen die Geräte jetzt von einem Medienbeauftragten administriert werden. Dieser Mensch ist aber eigentlich Lehrperson und bekommt nur mit Glück Anrechnungsstunden für Montage, Installation, Wartung, Administration, Inventur, Stunden, die bei Weitem nicht den tatsächlichen Zeitaufwand abdecken. Was in allen anderen Unternehmen eine ganze IT-Abteilung übernimmt, fangen in Schulen einzelne Lehrkräfte auf, die sich ihr Wissen darüber selbst aneignen.

EINBLICK: UNTERRICHT MIT TABLET UND INTERNET

Leider ist das Folgende nicht erfunden, sondern findet so oder ähnlich nicht nur an meiner Schule statt.

Gehen wir einmal davon aus, dass das WLAN funktioniert und die Lehrkraft einen Unterricht geplant hat, der mit Tablet und Internetrecherche bewerkstelligt werden soll. Nun holen die Jugendlichen die Tablets zu sich an den Tisch.

Zwei stellen fest, dass ihr Gerät von der Vorgängerklasse nicht geladen wurde, und holen sich ein neues in der Hoffnung auf einen besseren Akkuladezustand. Drei weitere Schüler können sich nicht anmelden, weil sie ihr Passwort vergessen haben. Die Lehrkraft eilt zur Hilfe und stellt fest: Einer hatte sich nur vertippt, bei den beiden anderen muss man versuchen, das Passwort herauszufinden. Bestenfalls hat man eine Notfallliste oder erreicht den Administrator, der selbst als Lehrperson gerade Unterricht hat, auf dem Handy.

Währenddessen stehen zwei Schülerinnen, die neu in der Klasse sind, vor einem ähnlichen Problem. Der Login ist fehlgeschlagen, weil sie als Userinnen noch nicht angelegt wurden. Die Endgeräte haben keine Verbindung mehr zum Netzwerk. Ein weiterer Fall für den Admin. Ein weiteres Tablet fährt gar nicht erst hoch. Oder spielt es im Hintergrund nur das neueste Update auf? Während des Unterrichts – super!

Die Hälfte der Unterrichtszeit ist vorbei. Die eine Hälfte der Klasse konnte Ergebnisse zum eigentlichen Stundenthema erzielen, der Rest kämpft mit der Technik oder legt gelangweilt und frustriert den Kopf auf den Tisch. Die Lehrkraft ist schweißgebadet und überlegt sich, ob sie jemals wieder mit Tablets unterrichtet. Sie würde gern, weil sie es grundsätzlich gut findet, aber leicht wird es ihr auf diese Weise nicht gemacht.

Fazit: Die Digitalisierung ist eine Erleichterung, braucht aber ein medienpädagogisches Konzept und das nötige Personal, um die Geräte zu administrieren. Hier kannst du als Elternteil zwar Druck beim Schulträger machen. Das ist aber in den meisten Fällen nicht sonderlich wirksam, da Schulträger selbst die Lage einsehen, aber politisch und bürokratisch gehemmt sind. Die Kommune bekommt zwar Fördermittel des Landes für die Anschaffung der digitalen Endgeräte, die weitere Haftung und Finanzierung der Ersatzbeschaffungen bei Defekten ist jedoch nicht eindeutig geklärt.

Wertvoll ist es auch, wenn du dich als Mutter oder Vater aktiv in der Schule einbringen kannst. An unserer Grundschule gibt es Lego-Spike-Kurse, die IT-affine Eltern leiten und dann zusammen mit den Schülerinnen und Schülern am Tablet arbeiten. Eine andere Mutter hat sich dafür stark gemacht, dass die Lizenz zur Nutzung der VR-Brillen an unserer Schule weiterbezahlt wird, zwar ohne Erfolg, aber sie hat sich eingebracht.

TIPPS FÜR ELTERN

- Wenn dein Kind mit dem Tablet arbeiten und keine Hefte mehr führen will, sprich das mit der Lehrkraft ab. An vielen Schulen ist das schon üblich.
- Konfiguriere Arbeitstablets auch als solche. Das heißt: Jugendschutzsicherungen, Familienaccounts, keine Spiele-Apps usw.
- Erarbeitet Routinen, durch die jederzeit sichergestellt ist, dass das Arbeitsgerät für den nächsten Tag geladen ist. Zur Sicherheit hilft eine Powerbank.
- Kontrolliere regelmäßig, ob die Schul-Zugangsdaten für Computer, Tablets oder Lern-Apps jederzeit auffindbar sind, z. B. im Geldbeutel oder in einer App auf dem Handy.

- Ermutige deinen Jugendlichen, digital zu arbeiten und nicht nur zu konsumieren.
- Unterstütze nach Möglichkeit die administrative Lehrkraft bei ihren Aufgaben. Vielleicht hast du Kapazitäten, um bei Ausschreibungen und digitalen Wettbewerben zu unterstützen.
- Informiere dich über die technische Ausstattung der Schule. Wenn du entsprechendes Wissen hast, gib es an die administrative Lehrperson weiter.

Notendruck und ständige Prüfungen

Den Notendruck spürst du mit deinem Kind spätestens seit der vierten Klasse deutlich, wenn es darum geht, die möglichst besten Leistungen zu erzielen, um dann auf die angeblich beste Schule mit dem vermeintlich besten Abschluss zu kommen.

Der Druck, den das Schulsystem ausübt und unter dem auch die Lehrkräfte stehen, macht sich auch später direkt bei deinem Teenager bemerkbar. Ständig soll deine Tochter oder dein Sohn lernen. Für die Mitarbeitsnote wird die rege Beteiligung am Unterricht vorausgesetzt, egal ob dein Kind schüchtern ist oder nicht. Für die Klassenarbeiten soll gelernt werden, damit die Zeugnisnote stimmt. Außerdem müssen Hausaufgaben gemacht werden und die Jugendlichen nebenbei bereits im Alter von 14, 15 Jahren schon in die Berufsorientierung einsteigen und wissen, was sie später machen möchten. Als wäre das nicht genug, wird auch noch das Verhalten mit Noten bewertet, damit auch die Persönlichkeitsentwicklung in einer Ziffer sichtbar wird.

Versetze dich in die Lage deines Jugendlichen, dann wirst du leicht verstehen, warum das gerade in der Zeit der Pubertät für Stress und

Druck sorgt. Mit dem Gefühl „Alle wollen etwas von mir!“ muss man erst mal umgehen können, wenn man doch gerade in der Phase ist, wo man selbst nicht genau weiß, wer man ist, woran und an wem man sich orientiert und wie man sich zeitgleich abgrenzt. Ich habe es weiter oben schon geschrieben: Kollaboration, Kreativität, kritisches Denken und Kommunikation sind die Hauptkompetenzen, die Schule fördern soll. Doch der Erwerb dieser Kompetenzen kostet Zeit. Zeit, die für den Stoff fehlt. Zeit, die zum Erreichen einer Note nicht genügt. Und wie soll man Kompetenzen in Noten messen?

Zudem verlangen wir Eltern und Lehrkräfte von Kindern und Jugendlichen oft eine Lerngeschwindigkeit, die sie selbst nicht haben. Manche Menschen benötigen aber nun mal mehr Zeit oder wollen etwas selbst herausfinden und nicht aufgedrückt bekommen. Aber diese Möglichkeit nimmt ihnen das Schulsystem, um sie mit Noten vermeintlich vergleichbar zu machen. Um die Jugendlichen in ihrer Individualität zu würdigen, müssten Schulen weniger ergebnisorientiert, sondern vielmehr prozessorientiert arbeiten.

Noten brauchen Alternativen

Noten sind in den meisten Fällen weder objektiv noch valide. Lass zwei Deutschlehrkräfte denselben Aufsatz deines Jugendlichen korrigieren oder lass dieselbe Arbeit an einem anderen Tag schreiben: Es werden verschiedene Noten und eine unterschiedliche Anzahl an Punkten herauskommen.

Im Speziellen mündliche Noten gehören zum Unfairsten, was Schule zu bieten hat. Sie bewerten nicht die Leistung, sondern eine Tagesform und den Charakter. Mitarbeitsnoten könnten stattdessen aufgrund von Beobachtungen gemacht werden, die nichts mit der mündlichen Leistung zu tun haben. Introvertierte Jugendliche haben in einer großen Klasse oft Hemmungen. In Partner- und Gruppenarbeit können sie sich besser einbringen.

Lehrerin aus dem Instagram-Lehrerzimmer

„Was mich tierisch nervt, ist dieser Notendruck, der über allem steht. Wenn man zum Beispiel aus einer richtig coolen Unterrichtsstunde kommt, in der man merkt, dass etwas bei den Schülerinnen und Schülern angekommen ist, es Spaß gemacht hat und verstanden wurde, kommt dieser eine Gedanke: Oh Gott, ich brauche ja noch mündliche Noten. Wer hat jetzt eigentlich was gesagt? Das muss ich sofort aufschreiben. Man zückt eine seiner tausend Listen und versucht dieses natürliche Unterrichtsgespräch in dieses unnatürliche Notensystem zu übersetzen."

Bestenfalls erläutern Lehrkräfte das Zustandekommen einer Note in Feedbackgesprächen, denn es hilft, die Leistung in den Kontext zu stellen: Wie kam die Note zustande? Emotionen spielen gerade in der Jugend eine große Rolle, Tagesform und Konzentrationsfähigkeit spielen mit hinein. Vielleicht gab es Stress zu Hause oder mit Freunden? Wie gut wurde gelernt und die Inhalte verstanden? Wenn dein Teenager krank war, hatte sie oder er automatisch nicht die gleichen Voraussetzungen wie die, die im Unterricht waren – und das sind nur ein paar Faktoren.

Das Gegenmodell zu Noten sind Verbalbeurteilungen, die aufzeigen sollen, welche Kompetenzen die Jugendlichen erreicht haben. Klingt erst mal grandios. Erfahrungsgemäß sind viele Betriebe diese Art von Zeugnis nicht gewohnt und fragen bei der Bewerbung dann: „Was bedeutet das jetzt in Noten?" Viel schlimmer ist aber, dass Schülerinnen und Schüler selbst oft nicht verstehen, was die Verbalbeurteilungen bedeuten. Die Beurteilungen werden im Sinn und Inhalt nicht verstanden. Es ist also wichtig, dich mit deinem Jugendlichen mit Sinn und Inhalt dieser Beurteilungen auseinanderzusetzen.

Oberstudienrat Bob Blume, der an einem Gymnasium unterrichtet, ist der Meinung: Wenn die Schülerinnen und Schüler bemerken, dass in einer Bewertung eine Verbesserungsmöglichkeit steckt, wird sie auch genutzt. Er prangert an, dass die Lernenden mit einer schlechten Note und dem nicht verstandenen Inhalt oft alleingelassen werden und einfach im Stoff weitergemacht wird.

Lehrer Bob Blume im Podcast „Schule Backstage!"
„Das ist doch Quatsch, was in den Pädagogikbüchern steht. Das ist keine Rückmeldung über den Leistungsstand. Es ist eine Rückmeldung darüber, wer sich innerhalb von zwei Tagen schneller den Inhalt merken kann."

Der ehemalige Lehrer und Comedian Johannes Schröder hat sich unter anderem deshalb aus dem Schulsystem entfernt, weil er nicht mehr wusste, was er auf folgende Frage antworten soll: „Auf welcher Note stehe ich denn?" Eigentlich sind andere Fragen wichtig:

- Gehst du gerne zur Schule?
- An was hast du hier Freude?
- Wie hast du dich in den letzten Wochen verbessert?
- Was für ein Mensch möchtest du sein?

Auch die Gymnasiallehrerin Anika Osthoff bemerkt in unserem Gespräch im Podcast einen Leidensdruck bei den Jugendlichen. Das punktuelle Lernen erzeugt das Problem, dass die Jugendlichen auf eine bestimmte Arbeit lernen, um eine gute Note zu bekommen. Wenn sie diese Note aber nicht erreichen, ist dieser Misserfolg enorm demotivierend. Schließlich hat man doch dafür gelernt.

Auf der anderen Seite sind die Jugendlichen aber oft nur dann motiviert, wenn sie eine Note bekommen. Lehrkräfte sind wöchentlich, nahezu täglich mit der Frage konfrontiert: „Bekommen wir dafür eine Note?" Bei einem Nein geht die Motivation nach unten.

Für Bob Blume beruht dieses Resultat auf der Konditionierung auf Noten. Wenn wir Schülerinnen und Schüler jahrzehntelang darauf trimmen, nur für die Noten zu lernen, ist das die logische Konsequenz. Hier steckt das System in einer Zwickmühle, denn Lernen um seiner selbst willen kann so nicht funktionieren, schafft es durch die Existenz von Noten nicht. „Wenn ich ein Projekt mache, bei dem am Ende nicht nach einer Note gefragt wird, dann weiß ich, dass es ihnen Spaß gemacht hat", analysiert Bob.

Lehrer aus dem Instagram-Lehrerzimmer

„Was ich am liebsten ändern würde, sind die Prüfungsformen. Ich merke immer, wie anachronistisch Prüfungen sind, wenn man Fragen oder Aufgaben stellt, die daran gebunden sind, dass die Schülerinnen und Schüler jenseits von einem Wörterbuch nur mit ihrem Kopf arbeiten müssen. Das ist völlig widersinnig, wenn man überlegt, dass man heutzutage eigentlich im Internet das Wissen der Welt findet. Es wäre wichtiger zu prüfen, wie man damit umgeht, und zu lernen, wie man diese Informationen aus dem Internet verarbeiten kann."

Auch eine Einordnung der Prüfungskultur im Schulsystem hilft. Die darf dein Teenager doof finden. Trotzdem muss er oder sie es durchziehen, solange er oder sie nicht Kultusminister oder Kultusministerin wird und alles über den Haufen werfen kann.

Dazu kommt die Einzelarbeit bei Prüfungen. Damit bereitet das Schulsystem die Jugendlichen nicht auf die Realität im späteren Arbeitsleben vor. Dort wird heutzutage sehr viel im Team gelöst, gepaart mit Internetrecherche und digitalen Tools. Die Prüfungsform der Einzel-Klassenarbeit steht dem entgegen, auch wenn es Ausnahmen gibt, beispielsweise die Projektprüfungen an Werkrealschulen und Realschulen in Baden-Württemberg: Hier ist Teamarbeit gewünscht und wird reflektiert und bewertet.

Björn Nölte, Schulrat
Was können Eltern tun, um die Bedeutung von Noten zu verringern?

1. „Wie siehst du deine Leistung?" statt „Wie ist der Notenspiegel?"
2. Nach dem Lernen und nach dem Produkt fragen, nicht nach der Note
3. Beim Elternsprechtag nicht nach Noten fragen, sondern nach dem Kind[13]

Björn Nölte hat noch mehr Tipps auf seinem Instagram-Kanal geteilt und schreibt dazu: „Erfolg im Bildungssystem bemisst sich nicht an Noten, sondern an der Fähigkeit, die Zukunft zu gestalten (die eigene und die der Gesellschaft)."

TIPPS FÜR ELTERN

- Geh davon aus, dass dein Teenager sein Bestes gibt, und ordne die Note in den Kontext ein: Betrachte nie die Note allein, sondern die Entwicklung dorthin!
- Schaut gemeinsam auf das, was schon gut läuft, und auf das, worin noch Verbesserungsmöglichkeiten stecken.
- Bitte die Lehrkraft, die genaue Bedeutung der Note zu erklären.
- Wenn du einen eher introvertierten Teenager zu Hause hast, geh mit der Lehrkraft ins Gespräch, um zu klären, welche anderen Aspekte in die mündliche Note mit einfließen könnten, etwa Partner- oder Gruppenarbeit.
- Ordne die Prüfungskultur ein: Auch wenn du sie doof findest, zieh es trotzdem durch. Sei auch offen für neue Prüfungsformate.

- Wenn dein Teenager den Ehrgeiz in die weitere Verbesserung von ohnehin schon guten Nebenfachnoten steckt: Gib den Rat, diese Energie in die wichtigeren Hauptfächer zu stecken.
- Sprich deinem Jugendlichen Mut zu und zeige ihm, dass du ihn oder sie liebst, egal welche Note er oder sie hat!

Praktika und Berufsorientierung

Berufsorientierung heißt sich zu orientieren, was auch bedeuten kann, sich zu verrennen und sich wieder neu zu orientieren. Jugendliche benötigen ein Ziel. Nur wenn dieses Ziel klar ist, ist auch Schule sinnvoll. Berufsorientierung ist in jeder Schulart wichtig, um zu wissen, was man will und was man nicht will. Sei dir bewusst, dass dieser Prozess nicht nur von Erfolgen gekrönt, sondern auch von Frustration und Misserfolgen gespickt sein kann. Auch schlechte Erfahrungen im Praktikum sind gut. So weiß deine Tochter oder dein Sohn schon, was sie oder er nicht möchte.

Jeremy, Schüler
„Ich habe mal ein Praktikum als Kfz-Mechatroniker gemacht, weil ich den Beruf unbedingt machen wollte. Aber am Ende hat es mir nicht so gut gefallen. Ich habe bemerkt, dass man viel Geduld benötigt, um an Autos herumzuschrauben, und ich bin kein geduldiger Mensch. Aber ich möchte schon etwas mit Autos machen."

Solche Erfahrungen sind sehr wertvoll und wichtig für die Berufsorientierung. Wenn dein Kind im Praktikum gemerkt hat, dass der gewählte Weg doch nicht der richtige ist, kann es trotzdem positiv aus dem Praktikum gehen. Nicht nur, weil es vielleicht doch auch ein wenig Spaß gemacht hat, etwas anderes als Schule zu erleben.

Häufig bekommen Jugendliche durch das Praktikum einen enormen Boost an Selbstvertrauen, weil ihnen etwas zugetraut wird. Diese Erfahrung ist oft neu. Gleichzeitig wissen sie, was sie zukünftig nicht machen möchten.

Je nach Bundesland und Schulart beginnen die ersten Praktika in der siebten oder achten Klasse. Ebenso abhängig vom Bundesland sind die Einführung und der Name eines Faches, das die Berufsorientierung begleitet.

Zudem sollen Schulen auch auf Berufe vorbereiten, die es teilweise noch nicht gibt. Zu meiner Zeit etwa gab es den Beruf des Content-Managers oder Social-Media-Creators noch nicht. Welche Berufe werden etwa mit der Weiterentwicklung von KI und Digitalisierung kommen? Hier brauchen die Jugendlichen einen Kompass.

Silke, Schülerin

„Der Job, den ich am Anfang machen wollte, hat mir dann doch nicht gefallen. Ich wollte unbedingt Erzieherin werden, weil ich Kinder liebe. Im Praktikum habe ich gemerkt, wie anstrengend das ist. Auf Dauer könnte ich das niemals. Hätte ich diese Erfahrung nicht gemacht, hätte ich jetzt einen Job, dem ich nicht gewachsen wäre. Aber was ich gelernt habe, ist, wie man mit erwachsenen Menschen spricht. Davor war ich zu schüchtern dazu und wollte jedem Gespräch aus dem Weg gehen. Jetzt bin ich viel lockerer."

Manche Jugendliche, die vorher völlig unmotiviert die Schulbank drückten, sind danach fast wie ausgewechselt. Sie beteiligen sich viel mehr am Unterricht, weil sie jetzt wissen, wohin die Reise geht und was sie dafür tun müssen.

EINBLICK: VOM SCHÜLERPRAKTIKUM DIREKT ZUR AUSBILDUNG

Einer meiner Schüler wusste, dass er Kfz-Mechatroniker bei einem großen Autobauer werden wollte. Er absolvierte jedes Schulpraktikum dort und war zusätzlich in fast allen Ferien dort, um zu arbeiten. Dadurch hinterließ er einen bleibenden positiven Eindruck, man sah ihn dort schon fast als Teil des Teams. So bekam er die Zusage des Ausbildungsleiters, dass er auf jeden Fall die Ausbildung bekomme, wenn er seinen Abschluss nicht völlig in den Sand setze. Er bräuchte keine Bewerbung mehr zu schreiben, sondern nur noch sein Zeugnis vorlegen.

Der Schüler gab noch mehr Gas in der Schule als vorher. Seine Motivation war grenzenlos, und er bekam als Erster aus der Klasse seine Wunschausbildung. Für seinen Traumberuf hatte er leidenschaftlich gekämpft und dadurch das Ziel erreicht.

Praktika – gut für den Selbstwert

Praktika-Erfahrungen zahlen auf das Selbstwert- und Persönlichkeitskonto ein und helfen, sich einen guten Stand auf dem Arbeitsmarkt zu erarbeiten. Meine Empfehlung: Wartet nicht auf das Schulpraktikum, sondern motiviere deinen Teenager für Praktika in den Ferien. Wichtig ist nur zu wissen, dass ihr dann nicht über die Schule versichert seid, wie es bei einem schulischen Betriebspraktikum der Fall ist. Während der Schulzeit kann die Schule in Ausnahmen auch einer Freistellung für ein Praktikum während des Unterrichts zustimmen. Das wird vor allem dann gemacht, wenn es um Probetage für eine Ausbildung geht oder ein bestimmtes Praktikum während der von der Schule vorgesehenen Zeit nicht möglich war, und sollte mit der Klassenlehrkraft abgesprochen werden.

Mein Podcast-Gast Hasnain Mahmood war Hauptschüler und hat es durch viel Leidenschaft geschafft, Global Sales Manager zu werden. Sein Motto ist: „Gib dich nicht auf und finde dein Ziel, deinen Traumberuf. Dann gib alles dafür." Der Weg muss also dringend sein, herauszufinden, welches berufliche Ziel deine Tochter oder dein Sohn hat. Darauf aufbauend muss die Erkenntnis folgen, was man dafür tun muss, und leider auch, welche Noten sie oder er braucht.

Hasnain ist überzeugt, dass dadurch automatisch die Motivation für die Schule steigt und sich die Leistungen verbessern. Gleichzeitig weiß er aber auch, dass es für diesen roten Faden ein Umfeld braucht, das die Jugendliche dabei unterstützt. Er empfiehlt, auf keinen Fall die Schulpraktika zu schwänzen oder irgendein beliebiges Praktikum zu absolvieren. Wichtig ist echtes Interesse, um frühzeitig die Chancen auf einen Traumberuf zu erhöhen. Wenn die Menschen im Betrieb offen sind, kommen Praktikantinnen und Praktikanten automatisch an Informationen, die sie weiterbringen und wissen eher, welchen Weg sie gehen müssen, um den Beruf zu erlernen.

Hasnain Mahmood, Sales Development Manager
„Die Jugendlichen selbst sind die Bewerter und bewerten das Unternehmen, nicht andersherum."

Die Zeit, die Jugendliche oft im Berufswahlprozess verschenken, wird nur schwer und mit großer Anstrengung aufgeholt, wenn überhaupt. Genau dafür ist die Berufsorientierung notwendig. Hier kann euch die Berufsberatung der Bundesagentur für Arbeit unterstützen.

EINBLICK: MEIN BEWERBUNGSPROZESS FÜRS RADIO

Ich erzähle in den Klassen gern von meinen Erfahrungen mit Bewerbungen und Praktika. Nach dem Abitur wollte ich unbedingt Radiomoderator werden. Also verbrachte ich jede freie Minute in einer Redaktion oder im Studio und sprach viel mit Programmchefs und erfahrenen Kollegen, denen ich über die Schulter guckte. Das führte dazu, dass man mich im Nürnberger Funkhaus kannte und ich mir ein Netzwerk aufbauen konnte.

Später bewarb ich mich bei über 60 Sendern in ganz Deutschland um ein Volontariat. Dadurch kamen vielleicht zehn Bewerbungsgespräche zusammen, in denen ich Erfahrungen sammeln konnte und immer besser wurde.

Eines Tages, bei einem der größten Privatsender in Baden-Württemberg, dauerte das Bewerbungsgespräch ungefähr zwei Stunden. Das hatte einen speziellen Grund: Die damaligen Programmverantwortlichen und ich tauschten uns zunehmend fachlich aus, anstatt ein eigentliches Bewerbungsgespräch zu führen. Als sie hörten, bei wie vielen Sendern ich mich beworben hatte und dass morgen schon gleich das nächste Gespräch anstand, meinten sie: „Wenn das so ist, müssen wir uns eigentlich bei dir bewerben." Ich meinerseits wusste nach diesem Gespräch: „Egal was jetzt noch kommt, ich will zu diesem Sender."

Obwohl mir bei der Verabschiedung eine Rückmeldung innerhalb einer Woche zugesagt wurde, bekam ich bereits am nächsten Tag, während meiner Fahrt zum nächsten Sender, einen Anruf: „Wir würden dich gerne als Teammitglied haben und schicken dir den Vertrag zu. Schau dir die anderen Sender trotzdem an, und wenn du dir dann sicher bist, unterschreibst du."

Dieses Erlebnis hat mich vieles gelehrt. Es ist wichtig, sich bei vielen Unternehmen zu bewerben. Denn natürlich wissen die Betriebe auch, dass sie nicht die Einzigen sind, bei denen sich dein Teenager bewirbt. Sehen sie, wie leidenschaftlich er für den Beruf ist, kommt er oder sie in die Situation, sich Betriebe aussuchen zu dürfen. Nun kann deine Tochter oder dein Sohn den Spieß umdrehen und fragen, was die Unternehmen umgekehrt zu bieten haben – eine völlig neue Verhandlungssituation.

Dadurch, dass ich mir trotz meiner Zusage des Senders weitere Radioredaktionen angesehen habe, konnte ich Kontakte knüpfen, die später wertvoll wurden. So lernte ich einen anderen Programmchef in Stuttgart kennen, der mich gut fand, mir nur leider keine Stelle anbieten konnte. Als er hörte, dass ich schon ein Volontariat in der Tasche hatte, bot er mir an, mich zu melden, falls der Sender mich nach den zwei Jahren nicht übernehmen würde. Genau das passierte. Ich meldete mich und durfte ohne weitere Bewerbung zu den Gesprächen für eine Festanstellung kommen. Das zeigt, wie wichtig es ist, sich ein Netzwerk aufzubauen und Kontakte zu pflegen.

Ebenfalls wichtig ist es, sich in seinem Wunschbetrieb an den Erfolgreichen zu orientieren, sie zu beobachten und mit ihnen zu sprechen. So wusste Hasnain Mahmood in seiner Ausbildung sehr schnell nicht nur, wie man sich kleidet, sondern auch, wie man untereinander und mit den Kunden spricht und so erfolgreich Geschäfte machen kann. „Ich habe mich komplett geändert. Von jemandem, der dachte, er sei nur ein Asylant, hin zu einem, der dachte, dass er das Zeug zum Manager hat. Ich durfte Businesspläne erstellen und gewann dadurch immer mehr an Selbstvertrauen“, erzählt er. Durch sein Engagement wurde er in seinem Betrieb nach der Ausbildung übernommen.

> **Hasnain Mahmood, Sales Development Manager**
> „Das Leben ist ein Wunschkonzert. Aber nur wünschen und hoffen, dass es in Erfüllung geht, klappt nicht. Es funktioniert anders: Der Wunsch ist das Ziel. Man selbst sorgt dafür und tut etwas dafür, dass dieser Wunsch in Erfüllung geht. Wenn man für seinen Wunsch arbeitet, braucht man nicht mehr zu hoffen."

Neben Praktika gibt es noch eine andere Möglichkeit, Netzwerke aufzubauen und Kontakte zu knüpfen: die regionalen Ausbildungsmessen. Hier stellen sich verschiedene Betriebe und Branchen aus der Region unterschiedlichster Art vor.

Öffne die Türen zur Berufswahl

Einige Schulen organisieren auch Berufsinformationstage, an denen verschiedene Betriebe direkt in die Schulen kommen und sich dort vorstellen. Manche Schulen haben auch feste Kooperationen mit den Betrieben der Stadt. So können nicht nur leicht Praktikumsplätze vermittelt werden, sondern teilweise auch Ausbildungsstellen. Zudem kommen die Mitarbeitenden auch in die Klassen und stellen ihre Berufe vor.

Andere Schulen laden regelmäßig Mitarbeitende und Ausbildungsleiter von verschiedenen Betrieben oder Kammern und Innungen in die Klassen ein, um Vorträge zu halten und die dortigen Berufe vorzustellen. Auch hier kann dein Jugendlicher leicht Kontakt knüpfen. Im besten Falle sind solche Begegnungen mit einem Praxisteil verbunden, bei dem sich die Jugendlichen ausprobieren können. Zudem können Lehrkräfte Exkursionen mit der ganzen Klasse organisieren, um bestimmte Betriebe zu erkunden und kennenzulernen.

Deine Funktion als Elternteil ist es, gemeinsam mit den Lehrkräften Türen zur Berufswahl zu öffnen. Durchgehen müssen die Jugendlichen allerdings selbst. Neben diesen Türöffnern gibt es aber noch weitere Personen. So gibt es an vielen, leider nicht allen Schulen Berufsberater. Sie beraten die Schülerinnen und Schüler zu allen Chancen und Risiken in ihrer Berufswahl, erstellen Profile, geben Tipps für Bewerbungsgespräche und schaffen Möglichkeiten, kostenlose und professionelle Bewerbungsfotos machen zu lassen.

Ein weiterer Türöffner ist die schulische Kooperation mit der Berufsberatung der Bundesagentur für Arbeit. Berufsberaterinnen und -berater kommen an die Schulen, um die Klassen über Berufswege und den regionalen Ausbildungsmarkt zu informieren, und bieten beratende Einzel- und Gruppensprechstunden an den Schulen an.

Außerdem gibt es die zusätzliche Möglichkeit, persönliche Termine in der Agentur wahrzunehmen und wissenschaftlich fundierte Berufswahltests durchzuführen. Beispielsweise gibt BerufeNet, das Onlinelexikon der Bundesagentur für Arbeit, Auskunft zu über 3000 Berufe und stellt bundesweite und regionale Informationen zu den Themen Studium, Aus- und Weiterbildung sowie beruflicher Tätigkeit zur Verfügung. Zudem bieten die Expertinnen und Experten der Bundesagentur Übungsaufgaben für Eignungstests der Betriebe an, um diese üben zu können. Sie zeigen den Schülerinnen und Schulen aber auch die Funktionsweise und Bedienung der Internetseite der Agentur für Arbeit, damit sie dort nach Berufen und Ausbildungen suchen können.

Ein letzter, aber wichtiger Hinweis: Oft höre ich Sätze, die so beginnen: „Meine Eltern wollen, dass ...“ Bitte lass deinen Jugendlichen nicht *deine* Träume leben. Damit deine Tochter oder dein Sohn später im Beruf zufrieden sein, in ihm aufgehen und sich entwickeln kann und somit für sich und die Gesellschaft wertvoll sein kann, ist es maximal wichtig, dass sie oder er den Beruf erlernen und den Weg einschlagen darf, den sie oder er möchte. Deine Aufgabe als

Elternteil ist es nicht, diese Entscheidung zu treffen. Deine Aufgabe ist es, deinen Teenager zu begleiten und beim eventuellen Scheitern aufzufangen. Gib ihm oder ihr dann Mut, einen neuen Weg einzuschlagen, um nach einem Misserfolg gestärkt weiterzugehen.

TIPPS FÜR ELTERN

- Auch schlechte Erfahrungen im Praktikum sind gute Erfahrungen
- Bestärke deinen Jugendlichen, auch bei Niederlagen nicht aufzugeben
- Dein Teenager sollte sich ein Netzwerk aufbauen und niemals nur ein paar wenige Bewerbungen schreiben. Dabei braucht er oder sie deine Unterstützung und deinen Rückhalt!
- Besuche mit deinem Teenager Ausbildungsmessen (vor allem, wenn die Schule deines Teenagers dort nicht selbst hingehen sollte), und nimm Kontakt mit der Berufsberatung der Bundesagentur für Arbeit auf.
- Sei, was die Berufswahl betrifft, ein behutsamer Türöffner: Drängle deinen Jugendlichen nicht, denn durchgehen muss er oder sie selbst.
- Begleite deinen Teenager bei Entscheidungen, aber nimm sie ihm nicht ab.

Das Korsett der Hierarchien

Für Eltern ist es oft unverständlich, warum manche Dinge in der Schule so lange dauern. Das liegt vor allem an der Hierarchie von oben nach unten: Kultusministerium – Regierungspräsidium – Schulamt – Schule, und innerhalb der Schule dann Schulleitung – Lehrkraft. Dieser sogenannte Dienstweg, den es auch in der umgekehrten Richtung gibt, darf keinesfalls übergangen werden.

Hinzu kommt der Fakt, dass Lehrkräfte meist verbeamtet und damit dem Staat verpflichtet sind. Sie können demnach nicht immer so handeln, wie sie wollen oder wie es vielleicht in dem Moment sinnvoll scheint. Innerhalb des pädagogischen Freiraums ist allerdings oft Platz, um neue Konzepte auszuprobieren.

Auch der Föderalismus ist ein Hemmschuh. Selbst wenn auf Bundesebene Entscheidungen zu Schulen getroffen werden, kann das oft nur eine Art Empfehlung sein. Denn jedes Bundesland hat mit seinem Kultusministerium die Möglichkeit, auf seine Weise auf die Entscheidung zu reagieren und diese umzusetzen. Deshalb gibt es innerhalb Deutschlands so viele unterschiedliche Regelungen und Schularten. Selbst wenn also ein Bundesland eine bahnbrechende Idee hätte, heißt das nicht, dass in ganz Deutschland Bildung revolutioniert wird.

Spielraum innerhalb der Schule nutzen

Viele Lehrkräfte und Schulen versuchen, sich innerhalb dieses Korsetts so viele Freiheiten wie nur möglich zu erarbeiten und diese zu nutzen. Sie probieren immer wieder neues Unterrichtsmaterial, neue Unterrichtsformen und moderne pädagogische Ansätze aus. Arbeitsblätter mit QR-Codes sind nicht mehr selten. Klassen arbeiten kollaborativ an Dokumenten. Auch neue Prüfungsformate werden ausprobiert. So gibt es Lehrkräfte, die den ersten Teil der Klassenarbeit in Partnerarbeit schreiben lassen. Der zweite Teil wird in Einzelarbeit bearbeitet. Die Gewichtung der Teile dürfen die Jugendlichen selbst bestimmen. Ferner gibt es die Möglichkeit, gegen Punktabzug ein Hilfefeld für Aufgaben freizurubbeln.[14]

Solche Neuerungen müssen abgesprochen werden: kleinere Dinge innerhalb des Stufenteams, größere Ideen mit der Schulleitung, dem Schulträger oder dem Schulamt.

Hierarchie funktioniert immer von oben nach unten. Wenn das Schulamt möchte, kann es verhaltensauffällige Jugendliche einfach einer Schule zuteilen. Dabei ist es egal, ob das für die Schule und die betroffene Klasse pädagogisch Sinn macht oder nicht oder ob die Lehrkraft mit drei ähnlichen Fällen schon genug zu tun hat. Das Schulamt ist zwar im Gespräch mit der Schulleitung, darf aber im Fall des Falles verfügen und entscheiden. Gleiches gilt auch für die Einsetzung der Lehrkräfte durch die Regierungen der Landesbezirke und Schulämter.

EINBLICK: BÜROKRATIE VS. SINNVOLLE PÄDAGOGIK

Zwischen dem Ende meines Studiums und dem Beginn des Referendariats meldete ich zum Halbjahr als sogenannte mobile Reserve im Raum Ansbach. Ich bekam die Klassenleitung einer 7. Klasse mit den Worten des Rektors: „Was Sie inhaltlich schaffen, ist mir egal. Ihr Ziel ist es, die Klassengemeinschaft wieder aufzubauen. Es ist unsere schwierigste Klasse." Gesagt, getan, geschafft.

Am Ende des Schuljahres wäre ich gern weiter in der Klasse geblieben, denn es hätte der Klasse gutgetan, nicht noch einmal die Bezugsperson zu wechseln. Obwohl sich auch der Rektor für mich einsetzte, entschied das Kultusministerium. Mein Referendariat musste ich in Ingolstadt mit einer täglichen einfachen Anfahrt von 70 km antreten.

Während der Pandemie wurden die Bestimmungen des Kultusministeriums oft sehr kurzfristig an Schulen weitergegeben. Bis sie über den Dienstweg in schriftlicher Form an die Schulleitungen kamen, war es Freitagnachmittag. Die Bestimmungen sollten aber schon am Montag umgesetzt werden. Wir alle kennen zur Genüge Beispiele für die träge Umsetzung der Vorschriften auf dem Dienstweg während der Covid-Pandemie, die alle Beteiligten in der Schulfamilie betraf:

Lehrkräfte, Klassen, Eltern und Schulverwaltung bis hin zum Hausmeister.

Von dieser Art lassen sich viele Beispiele finden, etwa wenn Jugendliche in der siebten Klasse ein Praktikum in sozialen Berufen absolvieren sollen, die Kommune aber plötzlich beschließt, nur noch Praktikanten ab 15 Jahren aufzunehmen. So wird hierarchisch und ohne Rücksprache ein kompletter Praktikumsjahrgang torpediert.

Manchmal bewegen sich Lehrkräfte zugunsten deines Teenagers in Grauzonen, die ich aus verständlichen Gründen nicht näher ausführen werde. Du darfst jedenfalls davon ausgehen, dass die meisten Lehrkräfte tun, was in ihrer Macht steht und ihre Energie zulässt. Innerhalb dieses Korsetts so gut für deinen Jugendlichen zu sein, wie du und die Lehrkraft es oft möchten, ist allerdings oftmals gar nicht so einfach.

EINBLICK: DER „KURZE" DIENSTWEG

Eine Schülerin hat bereits den Hauptschulabschluss. Zum Halbjahr stellt sie fest, dass sie ihr Vorhaben, den mittleren Bildungsabschluss, nicht mit den gewünschten Noten erreichen kann. Sie findet einen Ausbildungsplatz als Hotelfachfrau. Kurz nach Beginn des zweiten Halbjahrs hätte sie die Möglichkeit, vorab in dem Hotel zu arbeiten, um Erfahrungen zu sammeln. Gemeinsam mit ihrer Mutter und der Schulleitung beschließen wir, dass es durchaus sinnvoll ist, dass die Schülerin ihre Schullaufbahn vorzeitig beenden könnte. Bis der Antrag allerdings vom Schulamt offiziell genehmigt wird, vergeht ein ganzer Monat – vier Wochen, die die Schülerin teilnahmslos in der Klasse absitzt, anstatt sie sinnvoll für den Ausbildungseinstieg nutzen zu können.

Das System ist auch deshalb so träge, weil bei Bildungsthemen zu viele Menschen aus unterschiedlichsten Bereichen und Hierarchien mitentscheiden wollen. Das ist ein wesentlicher Hemmschuh für Prozessentwicklungen. Sogar Entscheidungen innerhalb des Kultusministeriums können bis zu einem Jahr und länger dauern.

Dr. Susanne Eisenmann, ehemalige Kultusministerin in Baden-Württemberg
„Sie werden es nie allen recht machen können. Mir geben die Schüler Ratschläge, die Lehrerinnen und Lehrer, Lehrerverbände, die Eltern, die Elternvertreter, und jeder sagt etwas anderes. Ich muss einen Ausgleich schaffen zwischen allen Interessenlagen. Ich kann nicht nur immer einer Seite recht geben."

Schule weiterentwickeln

Um Schule weiterzuentwickeln und Lobbyarbeit für Jugendliche zu betreiben, braucht es Zeit. Zeit, die aus bereits genannten Gründen fehlt. Den Lehrpersonen fehlt es an Energie, sich zusätzlich zu ihrem sozialen Engagement in den Klassen noch öffentlichkeitswirksam zu engagieren. Es gibt keine Anrechnungsstunden oder Ähnliches, in denen Lehrkräften Zeit eingeräumt wird: „Ihr dürft euch jetzt einfach darum kümmern und ausprobieren, wie Schule moderner und besser wird." Stattdessen müssen Listen abgehakt, Rücklaufzettel eingefordert und Anträge ausgefüllt werden, sodass alle nur weiter in der Bürokratie versinken.

Leider wird sich wohl wenig verändern, solange sich von oben nicht viel bewegt. Aber Lehrkräfte machen den Unterschied für deinen Teenager, nicht die Politik, und sind bemüht darum, im Kleinen und in ihrem Rahmen Dinge zu verändern. Darauf darfst du vertrauen.

Das Bildungssystem muss alle Beteiligten mitdenken. Es muss gerecht sein für die Lernenden, die Lehrpersonen, die Eltern und die Arbeitgeber der Eltern. Daran schließt sich die Frage an, was Schule eigentlich können soll. Wollen wir weiter eine Leistungsgesellschaft mit noch mehr elitären Bildungsabsolventen? Oder wollen wir möglichst alle Jugendlichen mit allen sozialen Hintergründen erreichen und Freude am Lernen vermitteln? Wollen wir, dass wirklich jeder und jede alles erreichen kann, und dabei die Jugendlichen auf das Leben oder das Berufsleben vorbereiten? Dann müssen wir etwas ändern. Welchen Impuls du zu dieser Veränderung beitragen kannst, erfährst du im nächsten Kapitel.

TIPPS FÜR ELTERN

- Versuche, nicht allzu skeptisch auf neue Unterrichtsformen und moderne pädagogische Ansätze zu blicken, sondern lass dich auf neue Ideen ein.
- Manchmal legen bürokratische Richtlinien Lehrkräften Steine in den Weg, die Zeit kosten. Lehrpersonen haben auch Familie und sehen sich nicht immer imstande, etwa einen Ausflug oder Klassenfahrten zu organisieren. Schließe dich mit anderen Eltern zusammen und unterstütze die Lehrkraft bei Organisation und Anträgen, damit sie in dieser Zeit gut für die Kinder sein kann.
- Als Elternvertreterin oder -vertreter kannst du dich in die Schulkonferenz wählen lassen. Hier hast du bei Prozessen der Schulentwicklung Mitbestimmungs- und Wahlrecht.
- Auch im Förderverein der Schule kannst du Schulentwicklungen beeinflussen und mitverfolgen.

WAS DU AN SCHULE VERÄNDERN KANNST

Veränderung klingt nach etwas, das viel Kraftaufwand bedarf. Oftmals genügen aber schon Kleinigkeiten, um Veränderungen möglich zu machen oder zuzulassen. Es hilft schon, wenn du an kleinen Stellschrauben drehst und Entwicklungen nachvollziehen kannst.

Im vorangegangenen Kapitel hast du das Feld, in dem Schule stattfindet, kennengelernt. Schüler und Schülerinnen, Eltern, Lehrerschaft können dennoch innerhalb dieses eng gesteckten Rahmens viel bewirken, wenn wir ihn als gegeben akzeptieren. Damit ist schon viel für deine Aufgabe als Elternteil gegenüber deinem Teenager gewonnen. Alles gehört zu diesem Wimmelbild, und mitten in diesem Bild steckt deine Tochter oder dein Sohn und will gesehen werden. In diesem Wimmelbild muss sie oder er sich zurechtfinden und braucht dringend Unterstützung.

Es bleibt Eltern und Lehrkräften und allen Erwachsenen nichts anderes übrig, als im Kleinen zu beginnen und sich nicht entmutigen zu lassen. Ein schlechtes System dürfen wir nicht hinnehmen, nur weil es schon immer so war. Es hilft allerdings auch nicht, immer alle neuen Ansätze als neumodischen Kram abzutun. Auf den nächsten Seiten möchte ich um Verständnis werben und dir neue Ansätze vorstellen, die nicht nur dir und deinem Teenager helfen können, sondern auch die wiederkehrende Empörung in der Eltern-WhatsApp-Gruppe besser zu verstehen.

Entwickle Verständnis für beide Seiten

Erst wenn wir Dinge verstehen, können wir sie zulassen. Als Eltern benötigen wir Vertrauen gegenüber den Personen und den Prozessen rund um die Schule. Folgende vier Dinge empfinde ich dabei als elementar:

- Beziehungsarbeit
- eine neue Rolle für Eltern und Lehrkräfte
- Humor
- moderner Unterricht

Lass uns diese vier Faktoren genauer anschauen.

Beziehungsarbeit als Basis

Bindung und Beziehung kommen vor Bildung und sind das Glück deines Teenagers. Immer mehr Lehrkräfte verstehen, dass sie erst das Herz, das Vertrauen und die Emotionen deines Jugendlichen erreichen müssen, bevor sie mit dem Unterricht beginnen können. Das hat viel mit der Haltung und dem Mindset der Lehrkraft deines Teenagers zu tun. Im besten Fall schafft es die Lehrperson, über kurz oder lang selbst einen demotivierten und wenig selbstbewussten Jugendlichen für ihre Themen zu begeistern.

Die Realität sieht wie so oft leider anders aus. Auf Instagram erreichte mich die Nachricht einer Gymnasiallehrerin: „Wie cool wäre es, wenn für all diese Beziehungsarbeit auch Platz am Gymnasium wäre.“ Eine Lehrerin an der Berufsschule schreibt: „Ich unterrichte in acht verschiedenen Klassen. In 90 Minuten pro Woche Beziehungen aufzubauen, ist da echt Schwerstarbeit.“ Der Schulleiter einer Gemeinschaftsschule erzählt: „Gute Beziehungsarbeit schaffen wir nur bis Klasse 7. Ab dann liegt der Fokus leider auf der gymnasialen Oberstufe. Da fehlt die Zeit dafür.“

Traurige Beispiele – aber ich kenne genug Beispiele aus meiner eigenen Schulzeit auf dem Gymnasium und genug Kolleginnen und Kollegen auf allen Schularten, die beweisen: Wenn man wirklich will, nimmt man sich die Zeit für Beziehungsarbeit. Wenn etwas in der Pause vorgefallen ist, müssen Lehrkräfte das dringend zuerst klären oder zumindest Lösungszeiträume anbieten. So fühlen sich Jugendliche in ihren Bedürfnissen gesehen und können sich mehr auf die Inhalte und auf Erwachsene einlassen.

Raphael Kirsch, Krisen- und Konfliktpädagoge
„Klar, das kostet Unterrichtszeit. Aber diese Zeit spart ihr euch bei der nächsten Konfliktbewältigung mehrfach ein."

Uns Erwachsenen geht es doch ähnlich: Wenn der Start in den Morgen mit den Kindern zu Hause schwierig war, fällt es uns schwer, nun gut gelaunt und motiviert in die Arbeit zu fahren und uns auf neue Inhalte zu konzentrieren. Warum sollten Jugendliche mitten in der Pubertät, in der die Hormonsuppe so richtig brodelt, das besser können?

Die gleiche Strategie ist auch bei dir zu Hause wichtig. Wenn du deinem Jugendlichen mit Sätzen wie: „Du machst jetzt sofort deine Hausaufgaben!“ oder „Erst die Arbeit, dann ...“ begegnest, wirst du wahrscheinlich Eskalationen und Ablehnung ernten. Vielleicht gibt es aber etwas, das dein Kind beschäftigt, etwas, das erst geklärt werden muss, damit sich das Gehirn danach auf die Hausaufgaben konzentrieren kann.

Gut ist es also, die Situation zu klären oder zumindest Lösungsansätze zu bieten, um dann zurück zum Thema zu kommen. Wenn du keine Zeit hast, weil gleich der nächste Termin ansteht, vereinbare einen geeigneten Zeitpunkt, in dem du zusammen mit deinem Teenager das Problem in Ruhe zu lösen versuchst.

Überlege mal, wie viele sinnlose Diskussionen, stures Türenschlagen und Versöhnungsprozesse du einsparen kannst, wenn du einfach nur fragst: „Was brauchst du jetzt?“ Das bedeutet nicht, dass du mit allem einverstanden sein musst. Du kannst genauso sagen: „Ich verstehe dich, aber ich bin damit nicht einverstanden.“

Beziehungsarbeit ist eine Sache von wenigen Minuten. Der Beziehungspädagoge Dirk Fiebelkorn würde sogar sagen, innerhalb von Sekunden. Meine Familie und ich trafen Dirk zum ersten Mal in einem Burger-Restaurant. Als wir auf unser Essen warteten, wollte meine Tochter ein Einhorn auf ihrer Zaubertafel malen, wusste aber nicht wie. Die Stimmung drohte zu kippen. Zufällig konnte Dirk ein sehr gutes Einhorn malen und brachte es ihr bei. Sofort war er auf einer völlig anderen Beziehungsebene. Am Ende des Abends war die wichtigste Frage meine Tochter nicht, wie man ein Einhorn malt, sondern wann Dirk zu uns nach Hause zum Essen kommt.

EINBLICK: BEZIEHUNGSARBEIT IN DER SCHULE

Eine Schülerin hatte keine Lust, sich am Unterricht zu beteiligen, stattdessen war ich mehr damit beschäftigt, ihre Störungen zu unterbinden. Als ich sie in der Mittagspause mit dem Handy sah, fragte ich sie, ob ich mich zu ihr setzen dürfe. Ich bemerkte, dass sie ein Spiel spielte.

Ich: „Was spielst du denn da?“
Schülerin: „Das ist ‚Among Us‘. Kennen Sie das nicht? Voll der Trend, spielt jetzt jeder.“
Ich: „Du, ich hab keine Ahnung davon. Aber vielleicht kann ich ja was von dir lernen. Was muss man da machen?“

Die Schülerin erklärte mir das Spiel, während ich immer wieder interessiert nachfragte.

Ich: „Sag mal, was ist los? Du kannst so toll erklären. Warum geht das nicht im Unterricht?"
Schülerin: „Weiß nicht, trau mich nicht, hab ich noch nie gemacht."
Ich: „Wenn du magst, versuch's mal. Der Erste, der dich auslacht, bekommt ein Problem mit mir."

Schon in der nächsten Stunde machte die Schülerin in Gruppen- und Partnerarbeiten mit und beteiligte sich deutlich mehr an Unterrichtsgesprächen.

Diese Situation kostete mich keine fünf Minuten, wahrscheinlich sogar weniger. Ein kleines Zeitinvestment mit großem Effekt. Wie viel Zeit mehr hätte ich wohl ohne diese Investition gebraucht, wenn ich die Schülerin weiterhin jede Stunde ermahnt hätte? Stattdessen habe ich Interesse gezeigt und sie über die Wertschätzung auf meine Seite geholt. Natürlich muss man das manchmal auch mehrmals tun, um eine Wirkung zu erzielen. Der andere Weg wären Maßregelungen und Vorwürfe, die meiner Erfahrung nach bei Jugendlichen nur zum Aufbau von Mauern führen.

Wie kann gute Beziehungsarbeit zu Hause funktionieren? Diese Frage klar zu beantworten, ist gar nicht so einfach, weil die Situationen sehr unterschiedlich sein können. Kurz gesagt ist es das: Vertrauen aufbauen und deine Tochter oder deinen Sohn spüren lassen, dass sie etwas wert sind und von dir gesehen werden – und zwar ganzheitlich mit ihrer gesamten Biografie! Dein Vorteil gegenüber den Lehrkräften ist, dass du die Biografie deines Teenagers besser kennst.

Erschreckend finde ich, wenn Schülerinnen und Schüler zu uns Lehrkräften als erste Anlaufstelle kommen. Sei du die erste Anlaufstelle und mache klar, dass sie mit dir über alles reden können, egal ob es um Liebeskummer, Sexualität, Drogenerfahrungen, Streit mit Freunden, Trauerfälle oder ganz alltägliche Dinge geht wie das neuste Computerspiel, ein virales TikTok-Video oder darum, dass der Künstler XY einen neuen Song hat. Wichtig sind dabei ein ehrliches und aufrichtiges Interesse und keine Sätze wie: „Boah, nee, damit kann ich nichts anfangen!"

Du möchtest verstehen, warum Jugendliche nicht sofort zum Essen kommen, wenn du sie rufst, während sie noch zocken? Zock doch einmal mit und stell dir vor, dass du das Level kurz vor Ende abbrechen sollst. Erst jetzt wirst du deinen Jugendlichen richtig sehen.

Gehen wir einmal davon aus, dass dein jugendliches Kind sich in der Pubertät nicht ganz sicher ist, wo es hingehört: hetero, bi, homo, queer ... Den schlimmsten Gedanken, den du haben könntest, wäre nun: „Das ist doch nur eine Phase. Jetzt warten wir mal ab." Damit würdest du das dir entgegengebrachte Vertrauen sofort missbrauchen, ohne auch nur einen Ton gesagt zu haben. Nimm die Aussage wertschätzend zur Kenntnis und nimm sie vor allem ernst.

Du benötigst keinen künstlichen Aufhänger, um Beziehungsarbeit zu betreiben. Das geht sehr gut auch beim Einkaufen oder wenn dein Teenager sich auf den Weg zum Sport macht. Wenn du es ganz intensiv möchtest: Hängt gemeinsam im Klettergarten ab. Hier könnt ihr euch gegenseitig motivieren, Ängste überwinden und Strategien entwickeln, um ein Hindernis zu bezwingen. Und eines ist sicher: Erfahrungsgemäß gehen alle aus dem Klettergarten mit einem Boost an Selbstvertrauen hinaus.

Vielleicht hilft es dir auch, dich an deine eigene Jugend zurückzuerinnern und dich zu fragen, wie du dich in dieser Situation gefühlt hättest, gegen die du gerade bei deinem pubertierenden Jugendlichen zu argumentieren versuchst. Ein gutes Beispiel ist das Cappy, das oft zu Streit führt.

„Das hat doch was mit Respekt zu tun. Die Cappy muss runter!“, sagst du. Wirklich? Wirst du deshalb von einem Menschen mehr respektiert oder bekommst du den Respekt nicht doch anders? „Ja, aber später müssen sie doch auch bei der Bewerbung …“ Richtig. Aber wie man sich zu bestimmten Anlässen kleidet, ist jetzt gerade nicht das Thema.

Für viele Jugendliche ist die Cappy ein Schutz, genauso wie die Kapuze. Bad Hair Day, nicht gewaschen, lange kein Friseur, Schuppen etc. Viele schützen sich damit vor Blicken, aus Angst vor Spott. Manchmal geht es nur um den Style. Manchmal um die Vermeidung von Augenkontakt. Geh dann ins Gespräch. Denn meistens gibt es einen ziemlich guten Grund, warum die Kapuze oben sein muss.

Ich finde es oft beruhigend zu merken, dass die Probleme im Grunde doch ähnlich bleiben und man sich dadurch doch sehr gut in die Lage hineinversetzen könnte, wenn man sich die Zeit dazu nimmt. Das ist zugleich eine Einladung dazu, deine Gedanken zu deiner Jugend und deine Erfahrungen zu teilen. Das stellt einen wesentlichen Teil der Beziehungsarbeit dar. Es bedeutet, du und dein Teenager gehen gemeinsam in Beziehung.

Nur wenn du etwas von dir preisgibst, wird das dein Gegenüber auch tun. Anders formuliert: Du musst erst etwas auf das Beziehungskonto einzahlen, bevor du etwas abheben kannst. Konkret heißt das: Wenn es kracht und wummst, kannst du als Mutter oder Vater nicht einfach weitermachen, als wäre nichts, und dich später wundern, warum der Laden nicht läuft, wie du es willst.

Nein, du solltest sofort reingehen, und zwar am besten schon, wenn du das Schwarzpulver riechst, nicht erst, wenn das Fass explodiert. Beziehungsarbeit muss immer, immer, immer gehen, egal welche Termine gerade anstehen.

Der Beziehungspädagoge Dirk Fiebelkorn hat dazu drei Leitsätze:

1. **Ich sehe dich!** „Es geht darum, die Jugendlichen in den Bedürfnissen und in all dem, wie sie sind, zu sehen. Es geht darum, eine Beziehung aufzubauen. Das ist die Basis von allem. Jugendliche lernen dann besonders gut, wenn sie eine gute Beziehung zu Erwachsenen haben."
2. **Ich bleibe!** „Hier soll der Teenager spüren, dass er oder sie mit einer Situation und den Gefühlen nicht allein ist."
3. **Sinn der Beziehungsarbeit ist nicht ein störungsfreies Leben, sondern pädagogisches Lernen!** „Es geht nicht darum zu gucken, dass wir möglichst keine Störung haben. Wenn ich mir etwas Bestimmtes vorgenommen habe, kann ich nicht anfangen, die Störungen zu ignorieren, sonst werden sie immer größer. Es geht um pädagogisches Lernen. Wenn die Jugendlichen morgen weiter sind, als sie es heute sind, dann hast du deinen Job als Elternteil gut gemacht – und nicht wenn dein Tag komplett ohne Probleme verlaufen ist."

Auch in der Schule gibt es Inhalte und Projekte, die auf das Beziehungskonto einzahlen und das Selbstbewusstsein der Jugendlichen stärken. Sie stehen nicht im Widerspruch zu einem guten Abschluss. Ganz im Gegenteil: Was bringt ein guter Abschluss, wenn ein Mensch nicht weiß, was er selbst wert ist?

Dirk Fiebelkorn, Beziehungspädagoge

„Manche behaupten, sie hätten keine Zeit für Beziehungsarbeit. Als ob man so was abschalten könnte. Beziehungsarbeit macht man immer. Es geht nicht, dass man Beziehungsarbeit nicht macht. Man ist immer in Beziehung zu jemandem. Genauso wie man nicht nicht kommunizieren kann."

TIPPS FÜR ELTERN

- Nimm deinen Teenager in seinen Emotionen und Bedürfnissen wahr.
- Lass dein Kind nicht allein. Es braucht dich als Orientierung.
- Überprüfe deine Haltung und dein Mindset gegenüber Jugendlichen. Sie sind nicht nervig, sondern unsere Zukunft – geh gut damit um.
- Schenke deinem Teenager Vertrauen und Respekt, verlange es aber nicht aktiv von ihm oder ihr.
- Erzähle persönliche Dinge aus deiner Jugend, damit du Verständnis für dein Kind bekommst und dein Kind aus deinen Erfahrungen lernen kann.
- Erlaube dir und deinem Teenager, Fehler machen zu dürfen. Das Ziel ist nicht, fehlerfrei zu sein, sondern richtig mit Fehlern umzugehen.
- Arbeite an deiner Rolle als Erwachsener. Wir sind nicht allwissend, sondern dürfen gemeinsam mit den Jugendlichen alte Denkweisen hinterfragen, aufbrechen und Neues lernen.

Eine neue Rolle für Eltern und Lehrkräfte

Wenn du in Beziehung gehst und bleibst, ergibt sich eine ganz neue Rolle für dich. Eltern erziehen ihr Kind und Lehrkräfte lehren es etwas – so die gängige Beschreibung. Diese Worte klingen von oben herab, fast gewaltvoll. Ich ziehe doch kein Kind irgendwohin, wohin es vielleicht gar nicht hin will, und sehe mich auch weniger als Lehrer, sondern als Pädagoge und Wegbegleiter – was hoffentlich viele Lehrkräfte von sich sagen. Die Worte „erziehen" und „lehren" würde ich lieber so verstehen: Ich möchte keinen Menschen ändern, sondern seine Fähigkeiten ausbauen!

Aber was heißt das nun konkret für dich und deine Tochter oder deinen Sohn? Wenn wir davon ausgehen, dass Jugendliche uns sowieso alles nachmachen, geht es doch mehr darum, selbst ein gutes Vorbild zu sein und all das, was wir von den Jugendlichen in der „Erziehung" verlangen, erst mal selbst umzusetzen.

Das fängt bei „bitte und danke" an und hört bei unserer allgemeinen Lebensführung nicht auf. Auch diese ahmen Kinder nach und spiegeln sie. Wenn wir hektisch und gestresst sind, sind es die Jugendlichen auch. Wenn wir uns Ruhephasen gönnen und diszipliniert arbeiten, können das Jugendliche sicher nicht automatisch, aber vielleicht leichter. Und nein, das gelingt nicht immer! Wir Erwachsenen dürfen genauso Fehler machen wie Kinder und Jugendliche auch! Genauso wie es keine perfekten Lehrkräfte geben kann, gibt es auch keine perfekten Eltern – nimm also den Druck raus!

Du als Elternteil hast gemeinsam mit den Lehrkräften schon viel erreicht, wenn dein Teenager am Ende der Schullaufbahn weiß, wie man gut miteinander umgeht, worauf es in einer demokratischen, freien Gesellschaft ankommt, was im Arbeitsvertrag stehen sollte, wie man sich in der Ausbildung gut anstellt, wie man eine Versicherung abschließt, die Steuer macht und dass man – ich kann es nicht genug betonen – wertvoll für die Gesellschaft ist und Selbstbewusstsein haben darf!

Florence Brokowski-Shekete, Schulamtsdirektorin
„Bevor der Unterricht starten kann, müssen erst mal Häkchen auf Listen gemacht werden. Die Konzentration muss wieder auf die Pädagogik gehen, nicht auf die Verwaltung. Lehrkräfte sind müde. Ich wünsche mir wieder mehr Ruhe für sie, damit sie wieder für das Zeit haben, wofür sie einmal angetreten sind: Bildung und Lebensfähigkeit zu vermitteln."

Mein Rollenverständnis als Vater und Lehrer beinhaltet, Kindern und Jugendlichen gemäß der jeweiligen Altersstufe Rückhalt zu bieten. Meine Devise ist: Erst komplette Sicherheit, dann garantierte Rückendeckung, um das Selbstbewusstsein, die Selbstständigkeit und das Verantwortungsbewusstsein zu stärken.

EINBLICK: SICHERHEIT UND RÜCKENDECKUNG

Als ich eine 7. Jahrgangsstufe übernahm, bot ich der Klasse komplette Sicherheit: Ich tat viel für die Jugendlichen, dachte für sie mit und erinnerte sie ständig. Wenn es gar nicht anders ging, erledigte ich mit ihnen zusammen Dinge. Ich habe sie regelrecht getragen.

Zum Ende der 8. Klasse, also Richtung Abschlussklasse und mehr Selbstständigkeit, ersetzte ich die hundertprozentige Sicherheit durch garantierte Rückendeckung. Ab jetzt mussten die Teenager selbst loslaufen. Sie bekamen weiterhin jederzeit Hilfe von mir, der wichtige Unterschied war aber, dass sie jetzt diese Hilfe selbst einfordern mussten. Ich rannte ihnen nicht mehr hinterher. Jetzt mussten sie zu mir kommen und bekamen selbstverständlich Hilfe und Rückendeckung für sich und ihre Probleme.

In den Abschlussklassen 9 und 10 waren wir ein dermaßen eingespieltes Team, dass sie füreinander und mich mitdachten. Hier war absoluter Verlass aufeinander.

Es gibt Tage, an denen ich nur die Hälfte der Lerninhalte aus dem Bildungsplan schaffe. Dafür habe ich soziale Konflikte geschlichtet und diese Kompetenz ausgebaut – die Balance zwischen Wissensvermittlung und Beziehungsarbeit zu halten, damit der Lernstoff nicht zu kurz kommt, ist dabei zugegebenermaßen nicht immer einfach.

Für mich sind Lerninhalte wie Samen einer Pusteblume. Oft pusten wir sie mit einem gezielten Ausstoß Richtung Jugend. Bei manchen landen sie auf fruchtbarem Boden, bei anderen bleiben sie nur kurz und werden von neuen Erfahrungen weggeblasen, bei wieder anderen kommen sie leider gar nicht an. Die Aufgabe und die Kunst ist es jetzt, die verloren gegangenen Samen der Pusteblume wiederzufinden, aufzuheben und bei den Jugendlichen einzusetzen und wachsen zu lassen, die eben nicht die Voraussetzungen für fruchtbaren Boden haben. Das geht nur mit viel Geduld, Herzblut, Verständnis, Vertrauen und Rückendeckung … Beziehungsarbeit eben!

Es geht darum, Wegbegleiter zu sein, Wege gemeinsam zu gehen, gemeinsam scheitern zu dürfen und die gemachten Erfahrungen zu teilen.

Für mich ist die Rolle eines Erwachsenen die einer Vertrauensperson, eines Motivators, Bombenentschärfers und Organisators. Jugendliche brauchen Zuspruch. Sie dürfen ihre Sorgen, Gefühle und Gedanken bei uns lassen, und wir dürfen gemeinsam mit ihnen diese Situationen einschätzen und einordnen.

TIPPS FÜR ELTERN

- (Er-)Ziehe deinen Teenager nirgends hin, wohin er oder sie nicht gezogen werde möchte.
- Sei Wegbegleiter und stärke deinem Kind bei seinen Vorhaben den Rücken.
- Macht euch in Veränderungsprozessen gemeinsam auf den Weg. Nur so kannst du mitreden.
- Hinterfrage dich und deine Vorbildfunktion. Erfüllst du selbst all das, was du von deinem Teenager verlangst?
- Fördere ihr oder sein Selbst- und Verantwortungsbewusstsein und gib maximale Sicherheit.
- Veränderungen und Beziehung benötigen Zeit: Hab Geduld und Vertrauen in dein Kind.

Mehr Humor

Alle Eltern kennen den Moment, wenn Jugendliche eine Bitte der Eltern mit einem verachtenden Blick abwerten. Versuche doch mal die Frage: „Kannst du deinen Gesichtsausdruck bitte als Frage formulieren?“ Es ist in Ordnung, wenn du mal mehr Spaß hast als dein pubertierendes Kind.

Die Forschung hat gezeigt: Humor im Klassenzimmer fördert eine gute Lernatmosphäre. Menschen lernen mit Humor leichter und haben dadurch bessere Noten. Humor fördert aber auch den Gruppenhumor. Gemeinsames Lachen entwickelt Gedächtnisstützen auf Stichworte und erhöht die Aufmerksamkeit. Wenn man beispielsweise während des Biologieunterrichts an einem bestimmten Punkt der Photosynthese lacht, erinnert man sich durch das gemeinsame, positive Erlebnis leichter und besser: „Ach, das war das, wo wir so lachten mussten“ – eine positiv verankerte Eselsbrücke. Durch Humor kann man sich also Lerninhalte besser merken, baut Stress ab und entwickelt überhaupt einen Sinn für Humor. Gleichzeitig entdeckt man dabei seine eigene Art von Humor.[15]

Allein dass in Schule und Elternhaus zwei Generationen mit völlig unterschiedlichem Blick auf die Welt aufeinandertreffen, bringt viele Anlässe für humorvolle Situationen mit sich.

Der Comedian und frühere Lehrer Johannes Schröder hatte einen Fachlehrer, für den Humor ein Indikator für guten Unterricht war: Wenn nicht mindestens einmal in der Stunde herzhaft gelacht wurde, war es kein guter Unterricht. Lachen ist also ein Anzeichen für eine gute Verbindung – auch bei dir zu Hause.

Es gibt so viele absurde Situationen und Missverständnisse zwischen dir und deinem Teenager, so viel unfreiwillige Situationskomik. Das darfst du nutzen, um gemeinsam zu lachen und ganz leicht eine Verbindung entstehen lassen, einen Moment, den dir niemand mehr nimmt.

Übrigens, wer sagt eigentlich, dass Eltern ihren Kindern keinen Streich spielen dürfen bzw. sie pranken dürfen? Das zahlt nicht nur auf das Humorkonto, sondern gleichzeitig auf das Beziehungskonto ein. Es sollten allerdings nur nette Frotzeleien sein und keine bösartigen Dinge.

EINBLICK: LEHRER PRANKT SCHÜLERIN

Ich führte einmal eine Schülerin kurzzeitig aufs Glatteis. Als sie fragte, ob sie meinen Schlüssel haben dürfe, weil sie etwas im Zimmer nebenan vergessen hatte, sagte ich, in dem Schlüssel sei ein Chip verbaut. Das stimmte tatsächlich, da es der Generalschlüssel für unseren Neubau war. Zusätzlich behauptete ich, der Schlüssel funktioniere nur mit meinem Fingerabdruck, weshalb sie ihn sich nicht ausleihen könne.

Als sie mir nicht glaubte, erklärte ich den „Sachverhalt" weiter: Wenn sie den Schlüssel nähme und in ein Schloss stecke, würde das Schloss den falschen Finger erkennen und ihr einen kurzen Elektroschock verpassen. „Herr Zeitler, Sie machen wieder Quatsch!" – „Nein! Probier's aus."

Die ungläubige Schülerin nahm ganz vorsichtig den Schlüssel. Ich ging ihr leise nach und sah, wie sie ganz zaghaft den Schlüssel ins Schloss steckte. In diesem Moment ließ ich ein lautes „Tsssss!" hören. Die Schülerin erschrak, dann mussten wir beide loslachen. „Herr Zeitler, Maaaannn! Ich hab Ihnen kein Wort geglaubt!" – „Ach, so wie ich dir auch nicht!?" Wieder mussten wir lachen.

Beim Thema Humor ist es wichtig, nicht alles zwanghaft lustig machen zu wollen. Gleichzeitig musst du auch nicht zwingend den Humor der Jugendlichen treffen, schließlich ist es eine andere Generation. Oft reicht es auch schon, Jugendliche mit ihren eigenen Waffen zu schlagen.

TIPPS FÜR ELTERN

- Humor kann schwierige, angespannte Situationen auflockern und schafft gleichzeitig eine gute Verbindung.
- Nutze den Konflikt zwischen Generationen als humoristische Basis.
- Nimm dich und deine Rolle als Erwachsener nicht zu ernst. Wir Eltern haben nur leider verlernt, kindisch zu sein.
- Humor ist kein Werkzeug, das du benutzen kannst. Er ist immer da.
- Bei Humor muss gleichzeitig immer Wertschätzung mitschwingen.

Moderner Unterricht

Moderner Unterricht soll so viel können. Im besten Falle soll er in einer Unterrichtsstunde gleich mehrere Kompetenzen und Stundenziele abdecken. Dann soll er digital sein, mehrere Sozialformen beinhalten und außerdem noch inklusiv und differenziert sein, aber auf individuellen Förderbedarf eingehen. Hohe Ansprüche bei bis zu 30 Kindern in einer Klasse und einer Lehrkraft im Raum, die vielleicht sogar noch eine andere Klasse mitbetreuen soll.

Ich plädiere dafür, auch hier den Druck rauszunehmen. Wenn etwa eine Klasse mit der Aufgabe, „stumm“ das Klassenzimmer aufräumt und sich dabei nur pantomimisch verständigt, wächst sie als Team zusammen. Das dauert zwar über 30 Minuten, die Sozialkompetenz hat sich jedoch gleichzeitig potenziert. Die ursprünglich geplante Stunde hole ich nach.

Guter Unterricht ist es dann, wenn die Klasse mit Freude etwas Neues gelernt hat oder schon Gelerntes vertieft. Wenn das, was im Zimmer passiert, interessanter ist als das Eichhörnchen vor dem Fenster.

Durch das Swipe-Verhalten auf dem Smartphone ändert sich die Aufmerksamkeitsspanne. Lehrkräfte und Eltern sind gefordert, die Konzentration immer wieder erneut herzustellen und hochzuhalten. Meiner Meinung nach kommen Lehrkräfte auch hier nicht ohne Beziehungsarbeit aus und müssen auch etwas Persönliches von sich preisgeben.

In der Elternarbeit darfst du, genauso wie Lehrkräfte im Unterricht, zwei Wörter streichen: „perfekt“ und „funktionieren“. Es gibt nicht die perfekte Arbeit in der Pädagogik. Du wirst immer etwas besser machen können. Es wird auch nie etwas im menschlichen Umgang funktionieren. „Mein Sohn muss jetzt aber funktionieren!“ Nein, muss er nicht. Er ist keine Maschine, nur die müssen ohne Emotionen funktionieren. Vielmehr gehört es zur Pädagogik, echt und nahbar zu sein. Etwas Persönliches von sich zu verraten, ist kein Verlust an Autorität, sondern ein Gewinn an Menschlichkeit.

Jeder Erwachsene, der nicht ehrlich und authentisch ist, sondern versucht, eine Rolle zu spielen, wird bald auffliegen. Vor allem Kinder und Jugendliche merken das schnell.

Einer der größten Mythen und seltsamsten Ratschläge unter Lehrkräften ist: „Sei am Anfang streng. Nett kannst du immer noch werden.“ Als ob die Schülerinnen und Schüler dieses Schmierentheater nicht durchschauen würden. Wir sind schließlich keine Schauspieler! Das bedeutet nicht, die eigenen Grenzen nicht deutlich ziehen zu dürfen oder nicht dafür einzustehen. Der alte Ratschlag beruht auf einer falschen Vorstellung von Kontrolle. Kleine Erinnerung: Weder du als Elternteil noch die Lehrkräfte deines Jugendlichen werden diese Kontrolle nie, *never ever*, haben. Halten wir an dieser Vorstellung fest, verspielen wir viele echte Beziehungsmomente, in denen beide Seiten scheitern dürfen!

Moderner Unterricht bedeutet, Neues auszuprobieren und dabei die Möglichkeit in Kauf zu nehmen, zu scheitern. Er stellt die Bedürfnisse und das Interesse der Jugendlichen in den Vordergrund. Im besten Falle dürfen Schülerinnen und Schüler sogar mitbestimmen, an welchen Themen sie weiterarbeiten wollen.

Es gibt bundesweit über 110 Schulen, die den sogenannten FREI DAY an ihren Schulen umsetzen. Bei diesem Lernformat, für dessen Umsetzung es die Offenheit der Erwachsenen braucht, werden mindestens vier Stunden in der Woche genutzt, um in einem Projekt Lösungen für Zukunftsfragen zu finden. Die Schülerinnen und Schüler entscheiden selbst, woran sie gern arbeiten möchten und was sie interessiert. Die Projekte werden dann innerhalb der Kommune umgesetzt. So können Jugendliche selbst anpacken und in dieser Selbstwirksamkeit Mut, Kreativität und Verantwortungsbewusstsein aufbauen. Jugendliche können so ihre Talente und Leidenschaften einbringen und entfalten.[16]

Der moderne didaktische Unterricht bezieht offene und projektorientierte Methoden verstärkt mit ein. Das verlangt den Schülerinnen und Schülern ein gewisses Maß an Selbstorganisation ab. Diese muss in den Schulen eingeübt und erlernt werden, da sie nicht vorausgesetzt werden kann. Deshalb ist moderner Unterricht für Lehrkräfte und Jugendliche enorm anspruchsvoll. Lehrkräfte sind mehr als nur

Coach, Lernbegleiter und Wissensvermittler. Sie sind auch Organisatoren von Lernmöglichkeiten und Orientierungs- und Reibungspunkt. Für einige Jugendliche ist die Lehrperson die einzige erwachsene Bezugsperson aus einer anderen sozialen Schicht.[17]

Das benötigt Zeit, die im Bildungsplan nicht vorgesehen ist. Sie ist allerdings gut investiert, da die Selbstorganisation später von den Jugendlichen in den Betrieben und Unternehmen vorausgesetzt wird. Schule sollte diese Grundlage dringend schaffen.

Fazit: Im 20. Jahrhundert war noch Büffeln angesagt. Der Unterricht war lehrerzentriert und jeder Lernschritt vorgeplant, es gab Klassenziele. Schülerinnen und Schüler nahmen mehr oder weniger passiv am Unterrichtsgeschehen teil und wurden fast ausschließlich an ihren Noten gemessen. Im 21. Jahrhundert steht der Prozess im Fokus. Nicht das Ergebnis zählt, sondern der Weg dorthin. Der Unterricht ist heute viel stärker an den Lernenden und deren Bedürfnissen orientiert. Die Kinder und Jugendlichen werden aktiv in den Unterricht eingebunden. Nächste Lernschritte und Methoden sind flexibel einsetzbar, die Lernenden sind miteinander vernetzt und erfassen die Inhalte ganzheitlicher.

Auch wenn du es aus deiner eigenen Schulzeit ganz anders kennst: Lass dich auf neue Konzepte und Unterrichtsmethoden ein. Vertraue darauf, dass die Lehrkraft deines Kindes gute Gründe hat, neue Wege zu gehen. Gib ein wertschätzendes Feedback zu neuen Ansätzen, denn Bemerkungen wie „Was macht denn dein Lehrer da schon wieder?“ sind kontraproduktiv und bewirken, dass deine Tochter oder dein Sohn voreingenommen in den Unterricht geht.

TIPPS FÜR ELTERN

- Gib deinem Teenager Mut, sich auf neue Konzepte einzulassen. Spürt das Kind bei dir Skepsis, wird es weniger offen sein.
- Äußere Bedenken nicht vor deinem Kind, sondern im Gespräch mit der Lehrkraft.
- Lass dich auf neue Ideen ein. „Das war schon immer so!" hat noch nie einen Fortschritt gebracht. Lehrkräfte wollen deinem Kind nicht schaden.

Bringe dich ins Schulleben ein

Schule ist auf die Mithilfe der Eltern angewiesen. Bring dich positiv ins Schulleben ein. So bist du nicht nur gut für deinen Teenager, sondern auch für die Schule selbst. Echte Elternarbeit ist mehr, als nur einen Elternsprecher zu wählen. Und auch diese Vertreterinnen und Vertreter sind nicht die einzigen, auf denen alles abgeladen werden sollte.

Auch Kleinigkeiten zählen. Als wir für unser Klassenzimmer ein Sofa wollten, habe ich eines bei eBay Kleinanzeigen gefunden. Der Vater eines Schülers hatte ein ausreichend großes Auto und Zeit, es abzuholen. Später trafen wir uns in der Schule, um es ins Klassenzimmer zu tragen.

Zur Zeit des Homeschoolings war mir unsere Elternsprecherin eine unschätzbare Hilfe. Sie fertigte unzählige Kopien von Arbeitsblättern an und trug sie an die Haushalte aus, die keinen Drucker hatten. In der gewonnenen Zeit konnte ich mich auf andere Aufgaben fokussieren.

Auf unserem Schulfest wurden binnen weniger Stunden Bierbänke, Stände und Stationen aufgebaut. Das war nur möglich, weil das Planungsteam aus sehr engagierten Eltern, Lehrkräften und der Schulleitung bestand.

Vieler solcher Veranstaltungen, viele Angebote, die Schule attraktiver machen und deinen Teenager weiterbringen, sind nur durch dich und andere Eltern möglich. Sie gehören zu den vielen On-top-Arbeiten der Lehrkräfte, zusätzlich zum täglichen Unterricht. Teilweise übernehmen Eltern organisatorische Aufgaben wie das Schreiben von Elternbriefen, das Management einer Schulübernachtung, die Mithilfe bei Schulfeiern und Ausflügen. Elternsprecherinnen und -sprecher bundeln Sorgen, Ängste, Frage, Lob und Kritik der Eltern.

Damit hilfst du indirekt auch deinem Teenager. Du kannst eine echte Entlastung sein und bist darüber hinaus für Lehrkräfte ein wichtiges Bindeglied in der Arbeit mit Jugendlichen. Sie sehen deine Tochter oder deinen Sohn nur in der Hälfte des Tages.

Lehrkräfte brauchen Informationen

Schülerinnen und Schüler bringen all ihre Sorgen und Probleme mit in die Schule, ob sie möchten oder nicht. Für Lehrkräfte ist es wichtig zu wissen, warum die Jugendlichen vielleicht gerade müde oder schlecht drauf sind. Gibt es einen Trauer- oder Krankheitsfall? Müssen die Jugendlichen gerade wichtige familiäre bürokratische Aufgaben übernehmen, weil sie die Einzigen sind, die Deutsch sprechen oder weil die Mutter eine Woche auf einer Beerdigung im Ausland ist und der Haushalt von einer 18-Jährigen und einer 13-Jährigen geschmissen wird?

Solche Informationen brauchen Lehrkräfte dringend, denn sie können nicht erahnen, was zu Hause gerade los ist. Der regelmäßige Austausch zwischen dir und der Lehrkraft ist also wichtig. Nutze dazu unbedingt die Elternabende oder Sprechstunden. Solltest du an solchen Terminen keine Zeit haben, vereinbare einen Ausweichtermin. Sollte es nur um Sachinformationen und organisatorische Dinge gehen, genügt oft schon ein kurzes telefonisches Update. Manche Lehrkräfte und Schulen richten auch Chatgruppen über den schulinternen Messenger ein. Informiere dich, ob es eine solche Möglichkeit zum schnellen Austausch von Fragen und Antworten gibt. Vergiss dabei nie: Die Lehrerin oder der Lehrer und du, ihr habt ein gemeinsames Ziel: gut für deinen Jugendlichen zu sein.

Raphael Kirsch, Krisen- und Konfliktpädagoge
„Hinterfrage, ob es sich dabei um dein Ziel handelt oder ob es wirklich ein Ziel für dich, das Kind und die Lehrkraft ist. Denn nur wenn es für alle drei ein gemeinsames Ziel gibt, lässt sich damit auch arbeiten."

Gelingen kann das, wenn du dir kleine, erreichbare Ziele steckst. Gleichzeitig ist es wichtig, transparent zu sein und begründen zu können, warum du einen Sachverhalt so siehst. Nur so kann dein Gegenüber deine Haltung nachvollziehen.

Das geht definitiv nicht zwischen Tür und Angel. Mir ist bewusst, dass solche Gespräche immer reizvoll sind, wenn du die Lehrkraft gerade im Klassenzimmer siehst, wenn du kurz etwas vorbeibringen möchtest. Das Problem dabei ist, dass sie in den meisten Fällen gerade mit so etwas Ähnlichen wie Unterricht beschäftigt sein wird. Ein Zwischen-Tür-und-Angel-Gespräch wird dadurch weder deinem Anliegen noch deinem Jugendlichen gerecht. Frage stattdessen nach einem Termin oder geeigneten Zeitfenster und mache in einem kurzen Satz klar, worum es geht. Einen weiteren Vorteil bei einem geplanten Gespräch gemeinsam an einem Tisch statt im Stehen erklärt Raphael Kirsch in meinem Podcast: „Wer sitzt, ist nicht im Angriffsmodus."

Zuständigkeiten klären

Nachdem ich aber als Vater und Lehrer an Elternabenden immer wieder seltsame Fragen erlebe, nenne ich hier ein paar Zuständigkeiten, die eindeutig bei dir als Elternteil liegen: dass die Hausaufgaben gemacht werden, dass pünktlich aufgestanden wird, eine gesunde Brotbox gepackt ist oder Geld für den Pausenverkauf zur Verfügung steht und dass alle Schulsachen dabei sind. Natürlich sollen die Jugendlichen selbstständig werden, aber das muss vorher durch dich zu Hause unterstützend eingeübt werden.

Dazu gehört auch, in der Sekundarstufe den Stundenplan deines Jugendlichen zu kennen, zu wissen, wie die Lehrkräfte heißen und ob das Kind in der 9a oder 9b ist – kein Witz: Manche Eltern wissen nicht, in welcher Klasse ihr Kind ist, und erfragen das kurz vor dem Elterngespräch im Sekretariat.

Mach dir in Elterngesprächen auch immer die Rollen klar. Du bist als Elternteil Expertin oder Experte für deinen Teenager. Lehrkräfte sind die Experten und Expertinnen für die Pädagogik und den schulischen Kontext. Ihr dürft euch gegenseitig vertrauen. In Elterngesprächen gilt es, diese beiden Welten zusammenzuführen. Beide Parteien sollten dabei auf der sachlichen Ebene bleiben. Das gelingt dir am besten, wenn du versuchst, im Elterngespräch ein gemeinsames Ziel zu definieren und dann zu fragen: Welchen Teil kannst du zu Hause und welchen Teil die Lehrkraft in der Schule zum Erreichen dieses Ziels beitragen?

EINBLICK: DAS ELTERNGESPRÄCH

Wenn mir Eltern nicht glauben wollen, bemühe ich immer folgendes Bild:

„Schauen Sie, wir alle können Auto fahren, aber reparieren kann es nicht jeder. Dafür brauchen wir eine Werkstatt, einen Profi, der uns sagt, ob das Auto die TÜV-Prüfung so besteht oder nicht. Niemals würden Sie den Kfz-Meister anzweifeln, sondern ihn das Auto reparieren lassen, damit es durch den TÜV kommt. Und egal, wie alt der Meister ist, Sie vertrauen ihm Ihr Auto an. Ich bin jetzt der Kfz-Meister und sage Ihnen, Ihr Kind kommt so nicht durch die Prüfung. Sie können nun auf meinen Rat hören oder nicht."

Kennst du die Gemeinsamkeit zwischen Lehrkräften, Politikern und dem Bundestrainer? Jeder andere Mensch weiß besser, wie man die Aufgaben besser erfüllen kann als die Amtsinhaber. Aber wir würden eher selten auf die Idee kommen, einem Arzt auf die Aussage: „Sie brauchen eine Herz-OP!“ zu entgegnen: „Ach, echt? Wäre nicht eine Darmspiegelung viel sinnvoller?“

Du kannst dich aber auch mal selbst fragen: „Was müsste die Lehrkraft denn tun, damit du und dein Jugendlicher zufriedener seid?“ Denn auch dein Gegenüber sollte kritikfähig sein. Gleichzeitig darfst du Ratschläge der Lehrperson annehmen und ihr könnt euch gegenseitig ergänzen und zusammenarbeiten.

Eine Kollegin hat mir noch eine weitere Perspektive eröffnet. Sie stellte fest, dass die Einladung zum Elterngespräch in die Schule für viele Eltern einer Fahrt zur Staatsanwaltschaft gleicht. Sie fürchten ein unangenehmes Gespräch und kommen erst gar nicht. Wenn du auch diesen Gedanken hegst, dann lade doch die Lehrkraft zum Gespräch nach Hause ein. Die Kollegin führt dort sehr erfolgreiche und wertvolle Gespräche, da sich manche Familien in der Rolle als Gastgeber deutlich wohler fühlen als vor Ort in der Schule.

TIPPS FÜR ELTERN

- Tausche dich regelmäßig mit den Lehrkräften deines Jugendlichen aus.
- Führe Gespräche nicht zwischen Tür und Angel.
- Lade Lehrkräfte zu dir nach Hause ein, wenn es sich für dich besser anfühlt.
- Informiere dich über die schnellsten Kontaktmöglichkeiten mit der Lehrperson.
- Kommuniziere wichtige Vorfälle in der Familie.
- Formuliere mit der Lehrkraft gemeinsame Ziele für deinen Jugendlichen.
- Bringe dich so oft es geht ins Schulleben ein.
- Vertraue den Lehrpersonen in ihrer Expertise.

Unterstütze dein Kind in beruflichen Orientierungsphasen

Du als Elternteil kennst deinen Jugendlichen am besten und kannst in vielen Gesprächen über die richtige Berufswahl eine beratende Funktion einnehmen. Manche Jugendliche haben ungeahnte Hemmungen, sich zu bewerben oder sich überhaupt zu entscheiden, in welche Richtung es gehen soll. Hier sind viel Fingerspitzengefühl und Beziehungsarbeit nötig, damit die Jugendlichen sich nicht bedrängt fühlen. Trotzdem müssen in jeder Orientierungsphase Entscheidungen getroffen werden. Davor haben viele Angst aus Sorge, die falsche Entscheidung zu treffen. Hier kannst du als Elternteil unterstützen, ohne ihnen die Entscheidung abzunehmen.

Mach deinem Teenager klar, dass es in der Orientierung zunächst keine falschen Entscheidungen gibt. Erst mal ist alles richtig, um sich auszuprobieren. Im Nachgang könnt ihr dann gemeinsam feststellen, ob die getroffene Wahl eine gute war. Genau das bedeutet Orientierung. Berufsorientierung ist wie ein Labyrinth. Es gibt viele Wege, und um herauszufinden, welche sich als Sackgasse herausstellen, müssen sie erst mal gegangen werden.

63 % der Jugendlichen betonen, wie wichtig die Rolle der Eltern bei der Berufs- und Studienwahl ist.[18] Eltern sind hier viel wichtiger als Peergroups im Freundeskreis, Lehrkräfte oder Berufsberaterinnen und -berater. Die Initiative, in die Berufsorientierung einzusteigen, sollte daher bestenfalls von dir als Elternteil ausgehen – gleichzeitig legen Jugendliche Wert darauf, die Entscheidung über den künftigen Beruf selbst zu treffen.

Der Berufswahlprozess

Der Berufswahlprozess gliedert sich in sechs Schritte. Im ersten Schritt erkunden Jugendliche ihre Interessen, Fähigkeiten und Stärken. Im zweiten Schritt geht es um die Sammlung von Informationen über Berufe, Ausbildungen und Studiengänge. Als Nächstes werden Entscheidungen getroffen, um im vierten Schritt passende Ausbildungsstellen oder Studienplätze zu finden und sich zu bewerben oder anzumelden. Im vorletzten Schritt geht es um die Überbrückung der Zeit zwischen Schule und Ausbildung bzw. Studium. Die Sicherung der Finanzierung stellt den sechsten Schritt dar.

In diesem Prozess stellst du als Elternteil eine vierfache Unterstützung dar: emotional, instrumentell-materiell, informatorisch-beratend und interpretativ-rückmeldend.[19] Mit der emotionalen Unterstützung zeigst du deinem Jugendlichen, dass du an seiner

Seite bist, vor allem bei Rückschlägen, auf der Basis von Wertschätzung, Empathie und Vertrauen. Zur instrumentell-materiellen Unterstützung gehört nicht nur die finanzielle Unterstützung, sondern vielmehr auch die Begleitung bei Telefonanrufen, Anmeldungen und bei der Zusammenstellung von Unterlagen. Hier solltest du Hilfestellung geben, ohne deinem Jugendlichen zu viel abzunehmen. Bei der informatorisch-beratenden Unterstützung geht es darum, deiner Tochter oder deinem Sohn mit Ratschlägen und Empfehlungen zur Seite zu stehen. Deine Lebenserfahrung kann für sie oder ihn immens hilfreich sein. Bei der interpretativ-rückmeldenden Unterstützung darfst du dein jugendliches Kind dazu anleiten, Stärken und Schwächen genauso zu reflektieren wie die bisher gemachten Erfahrungen im Berufswahlprozess. So sorgst du dafür, dass dein Jugendlicher weniger unsicher in die Zukunft sieht.

Überlasse als Elternteil also die Berufsorientierung nicht allein der Schule. Zwar bestehen je nach Schulart verschiedene Möglichkeiten für Praktika, es gibt Kooperationen mit der Berufsberatung der Bundesagentur für Arbeit und vereinzelt auch mit einzelnen Betrieben oder den Kammern. Das klingt optimal. Unterschätze aber niemals, dass Kinder und Jugendliche an Vorbildern lernen. Jugendliche können nur dann gut sein und sich orientieren, wenn sie dabei auch die Unterstützung der Eltern haben.

Das bedeutet nicht nur, gemeinsam Bewerbungen zu überarbeiten und nach Betrieben oder Ausbildungen zu gucken. Die Unterstützung muss schon vorher beginnen. Nichts ist so wertvoll wie deine Erfahrungen in der Berufswelt. Tausche dich beim Abendessen nicht nur über die schulischen Themen der Kinder aus. Ebenso wichtig ist, dass die Jugendlichen auch deine Berufswelt und deine Erfahrungen kennen.

Wenn du deinen Jugendlichen fragst: „Wie war es in der Schule? Was hast du heute gelernt?“, sollte dein Teenager im Gegenzug authentisch erfahren, wie dein Tag war. Dieses Gespräch hilft euch dreifach: Du weißt, was dein Kind bewegt, das wiederum weiß, was dich in der Arbeitswelt beschäftigt. Das kann ihnen bei der Berufsorientierung helfen, und außerdem zahlt ihr damit beide auf euer Beziehungskonto ein.

Erzähle deinem Jugendlichen von deinem Beruf und deinen Erfahrungen in der Arbeitswelt, zum Beispiel deinen eigenen Bewerbungsgesprächen. Dazu gehören nicht nur die Erfolge, sondern auch die Probleme. Erzähle auch, wenn du schon mehrere Ausbildungen und Berufe durchlaufen hast, warum die Wege so verlaufen sind und was dir dabei geholfen hat.

Hasnain Mahmood, Sales Development Manager
„Für mich war die größte Motivation zum Lernen, dass ich meinen Traumberuf gefunden hatte. Ich wollte mich nicht bewerben und dann eine Absage kassieren, weil meine Noten schlecht waren. Ab dann wusste ich, warum ich zur Schule gehe.“

In Elterngesprächen habe ich oft bemerkt, dass Jugendliche gar nicht genau wissen, was ihre Eltern arbeiten, wie deren Berufsbezeichnung ist oder welche beruflichen Laufbahnen sie genommen haben. Dafür fehlt mir ehrlich gesagt jedes Verständnis. Nichts ist zur Orientierung im Dschungel der heutigen Berufe wichtiger als exakt dieser Austausch! Jugendliche erhalten Hochglanzbroschüren zu Ausbildungen, die sie schwer beurteilen können. Umso mehr braucht es eine realistische Einordnung von dir. Ausbildung und Beruf sind eben nicht jeden Tag super spannend, spaßig und abenteuerlich. Ordnet die unzähligen Angebote zu Berufsorientierung und Ausbildungen gemeinsam ein und wählt aus, nehmt viele wahr, aber nicht alle. Verlasst euch nicht nur auf einen Betrieb oder eine Zusage, sondern haltet euch Möglichkeiten offen.

Eine Sache solltest du als Mutter oder Vater allerdings vermeiden: Führe auf keinen Fall Telefongespräche für dein Kind, schreibe seine Bewerbungen oder initiiere Bewerbungsgespräche. Dadurch nimmst du deinem Jugendlichen wichtige Erfahrungen und die Möglichkeit, sein Selbstbewusstsein zu entwickeln und selbstwirksam zu sein. Es genügt, wenn du unterstützend bei den Telefongesprächen mit im Raum bist, Bewerbungen Korrektur liest oder Bewerbungsgespräche in einem Rollenspiel übst.

Ein guter erster Schritt, den ihr hierbei gemeinsam angehen könnt, ist, dass ihr euch Berufe oder Studiengänge, die dein Kind interessieren, mal genauer anschaut und euch dazu Stichpunkte macht:

Beginne doch direkt mal mit ein paar Stichpunkten, die du auf der folgenden Extraseite aufschreibst:

Berufsbezeichnung: ______________________________

Firma: ______________________________

Tätigkeit/Aufgabe:

____

____

____

____

____

Arbeitszeiten: ______________________________

Arbeitsbedingungen (Schichtarbeit, Lärm, im Team oder allein usw.):

____

____

Verdienst: ______________________________

Anfahrtszeit: ______________________________

Positive Erfahrungen:

____

____

____

Negative Erfahrungen:

____

____

____

Tipps für Bewerbungen:

____

____

Die Agentur für Arbeit bietet an den Schulen entweder separate Informationsabende für Eltern an oder kombiniert diese mit dem Elternabend der Klassenlehrkraft. Nutze diese Gelegenheiten unbedingt oder frage die Lehrerinnen und Lehrer, wann die nächste Möglichkeit eines solchen Abends ist.

Die Mitarbeiter der Bundesagentur für Arbeit haben auch Zugang zu Übungsaufgaben für Einstellungstests aller großen Berufsgruppen. Diese kann dein Jugendlicher nutzen, um sich zu Hause vorzubereiten und zu üben. Viele der Tests findest du auch auf www.ausbildungspark.com.

In den Mailfächern der Sekretariate an Schulen landen Unmengen von Mails zu offenen Ausbildungsstellen. Falls diese nicht über die Lehrkraft an die Eltern und die Klasse weitergeleitet werden, frag danach.

Es gibt unzählige kostenlose Apps, die du und dein Kind zur Berufswahl nutzen könnt. Einige von ihnen habe ich dir im Anhang des Buches aufgelistet. Zusätzlich zu den vielen Angeboten der Schulen und externen Experten macht es Sinn, sich gemeinsam mit deinem Jugendlichen kurze Dokumentationen über die Wunschberufe im Internet, zum Beispiel auf BerufeTV der Bundesagentur für Arbeit oder auf YouTube anzuschauen. Die Anforderungen der Berufe ändern sich häufig. Als Erwachsene können wir nur gut in der Beratung sein, wenn wir diese Veränderungen kennen und mitverfolgen.

Wenn deine Erfahrungen mit Bewerbungsschreiben schon länger her sind, hol dir Rat bei den Lehrkräften. Ich kenne keine Lehrerin und keinen Lehrer, die nicht bereit dazu wären, eine Bewerbung zu korrigieren oder sie, gemeinsam mit dem Jugendlichen, zu trimmen. Auch die Agentur für Arbeit ist jederzeit eine gute Adresse bei solchen Fragen.

Toppen kannst du das Ganze, wenn du in die Klasse kommst und dort über deinen Beruf erzählst und Fragen beantwortest. Vielleicht bringst du sogar etwas mit, was du vorführen kannst oder mit dem die Klasse experimentieren kann. Eine andere Idee ist, dass du einen Gegenstand präsentierst und die Jugendlichen erraten müssen, wozu man ihn braucht.

In manchen Situationen bringt es die Schulfamilie weiter, wenn du deine Expertise anbietest. Wenn es eine Elternschaft mit vielen IT-lern gibt, könnte es beispielsweise eine IT-AG geben, die mit Lego programmiert.

Und noch ein Spezialtipp: Frag die Lehrerin oder den Lehrer deines Teenagers nach einem persönlichen Empfehlungsschreiben. Ich habe schon einige erstellt, in denen ich auf circa einer Seite die fachlichen und sozialen Qualitäten und die Entwicklung der Schülerin oder des Schülers geschildert habe. So haben die Jugendlichen eine Art Arbeitszeugnis in der Bewerbung, das deutlich mehr aussagt als Noten. Das macht einen zusätzlichen guten Eindruck, denn nicht jede oder jeder legt ein solches Schreiben bei. Gleichzeitig sind die Schülerinnen und Schüler stolz, wenn sie schwarz auf weiß lesen, wie die Lehrkraft über sie oder ihn denkt. Mit diesem Selbstbewusstsein bewirbt es sich leichter!

TIPPS FÜR ELTERN

- Nimm deinem Jugendlichen die Bewerbungsphase nicht ab, sondern begleite sie oder ihn dabei.
- Nimm deinem Teenager die Angst, falsche Entscheidungen zu treffen. Auch sie können ihn weiterbringen.
- Erzähle von deiner Arbeitswelt, deinen Berufs- und Bewerbungserfahrungen.
- Ordnet gemeinsam die Werbung für Ausbildungsberufe ein und gleicht sie mit der Realität ab.
- Nimm Informationsveranstaltungen zur Berufswahl wahr.
- Informiere dich mit deinem Teenager umfassend im Internet über Praktika und Ausbildungen.
- Nutzt die Gelegenheit, Einstellungstests zu Hause zu üben.
- Bring dich mit deinem Beruf in der Schule ein.
- Frage die Lehrkraft, ob sie deiner Tochter oder deinem Sohn ein Empfehlungsschreiben erstellt.

WIE DU GUT FÜR DEINEN TEENAGER BIST

Pädagogik verändert sich, und damit auch die Ansprüche an die Jugendlichen selbst. Gleichzeitig steigen die Erwartungen an die junge Generation. Sie stehen enorm unter Druck zwischen Kind sein, ihre Jugend genießen, sich von den Erwachsenen abgrenzen und gleichzeitig selbst erwachsen werden müssen. Wie du damit gut umgehen kannst, erfährst du in diesem Kapitel.

Ich möchte dir Mut machen. Du weißt am allerbesten, was gut für deinen Jugendlichen ist. Du bist die Expertin oder der Experte für dein Kind. Gleichzeitig gibt es einige Tricks und Kniffe aus dem Klassenzimmer, die auch zu Hause gut funktionieren und die du dir zu eigen machen kannst.

Es ist absolut richtig, wenn Jugendliche und Pädagogen mehr Freiraum an Schulen fordern, um ihn für ein freieres Lernen zu nutzen. Schülerinnen und Schüler sollen sich lustvoll und frei für Lerninhalte entscheiden können und an den Dingen arbeiten können, die für sie von Interesse sind. Das setzt jedoch voraus, dass Jugendliche erst mal etwas brauchen, für das sie sich begeistern können. Das können sie aber erst, wenn sie Selbstvertrauen, Selbstbewusstsein und Selbstständigkeit erlangen.

EINBLICK: EIN GESPRÄCH ÜBER FREIE THEMENWAHL

Lehrer: „Was interessiert euch denn wirklich?"
Klasse: „Keine Ahnung!", „Weiß nicht?", „Chillen!", „Wir können doch eh nichts erreichen."

Was ich damit sagen will: Schritt eins ist immer, immer, immer Persönlichkeitsarbeit und Beziehungsarbeit, um Selbstbewusstsein zu erreichen. Das ist ungleich schwieriger, wenn der Rückhalt von zu Hause fehlt. Erst im zweiten Schritt oder parallel dazu kann der Freiraum folgen. So werden Jugendliche selbstwirksam.

Unter diesem Aspekt sind der Schulstoff und die Lernplanziele sekundär. Viel wertvoller und an erster Stelle sind wir Erwachsenen selbst für Kinder und Jugendliche.

Erst die Bedürfnisse, dann die Inhalte

Schauen wir uns die fünfstufige Bedürfnispyramide des US-amerikanischen Psychologen Abraham Maslow an. Zuerst müssen die Grundbedürfnisse Essen, Trinken, Schlafen, Kleidung erfüllt sein. Ist das passiert, kommt das Bedürfnis nach Sicherheit. Dazu gehört nicht nur für Jugendliche eine Wohnung, Stabilität, Geborgenheit, Schutz, Angstfreiheit, Struktur, Ordnung, Gesetze und Grenzen. Darauf folgt das soziale Bedürfnis nach Partnerschaften, Freundschaften und Liebe.

Erst wenn diese Bedürfnisse befriedigt sind, beginnt das Wachstum eines Menschen mit den Individualbedürfnissen nach Anerkennung, Erfolg und Wertschätzung. Erst ganz oben kommt die Selbstverwirklichung.[20]

Die fünfstufige Bedürfnispyramide nach Maslow

Wenn nach Freiräumen in den Schulen verlangt wird, befinden wir uns in Gedanken bereits an der Spitze der Pyramide, gehen also davon aus, dass alle anderen Bedürfnisse gedeckt sind. Dass das nicht bei jedem Jugendlichen der Fall ist, liegt auf der Hand. Viele Jugendliche haben mit Chancenungerechtigkeit zu kämpfen, haben Angst vor Misserfolgen und Versagen, haben ein schwieriges Elternhaus oder kommen sogar aus Kriegsgebieten.

Bei Jugendlichen sind die sozialen Bedürfnisse besonders stark ausgeprägt. Bei der Befriedigung dieser Bedürfnisse spielst du als Elternteil eine entscheidende Rolle, nicht zuletzt bei dem Bedürfnis nach Anerkennung und Wertschätzung, wie du im letzten Kapitel gelesen hast.

Innerhalb von Schule tragen Lehrkräfte zum Erlangen der nächsten Stufe in der Bedürfnispyramide ihren Teil bei. Die pädagogischen Tools kannst du dir zu eigen machen und so noch effektiver deinen Teil dazu beitragen, gut für deinen Jugendlichen zu sein, sodass er selbst wirksam werden kann.

Sei Vorbild bei Emotionen

Du kannst dein Kind bei der Persönlichkeitsbildung unterstützen, indem es von deiner Persönlichkeit lernen darf. Wir Erwachsenen verlangen von Jugendlichen, dass sie wissen, was echte Emotionen sind und wie sie mit Gefühlen wie Liebe, Wut oder Trauer und Tränen richtig umgehen. Aber woher sollen sie das wissen, wenn du als Elternteil nie vor deinen Kindern wütend warst, dich nie aufrichtig entschuldigt hast, dich gestritten und versöhnt hast und vor allem vor ihnen geweint hast?

Wenn mir Schülerinnen und Schüler berichten, dass sie einen Ansprechpartner benötigen, bin ich als Vertrauenslehrer natürlich gern für sie da, auch wenn es mich traurig macht, dass offenbar nicht die Eltern als Ansprechpersonen gesehen werden. Erzähl von dir und deinen Erfahrungen! Zu deinem Expertenwissen gehören eben auch deine Lebenserfahrung und deine Emotionen, die du unbedingt teilen darfst. Das ist echte Persönlichkeitsbildung und -entwicklung. Sprich offen und ehrlich über Höhen und Tiefen in deinem Leben. Wenn dein Teenager den ersten Liebeskummer hat, nimm das und die Emotionen dabei ernst. Sage nicht so etwas wie: „Ach, das wird schon wieder!“, sondern fühle dich hinein, wie sich dein erster Liebeskummer angefühlt hat und was deine Eltern zu dir gesagt haben oder du gern von ihnen gehört hättest.

EINBLICK: EMOTIONEN ERNST NEHMEN

Schülerin: „Herr Zeitler, darf ich mein Handy heute bitte anlassen? Meine Mutter ist im Krankenhaus."
Ich: „Kein Problem. Muss ich noch etwas wissen oder brauchst du noch etwas von mir, um dich heute einigermaßen konzentrieren zu können?"
Schülerin: „Nein, danke. Sie hat eine Operation und ich mache mir halt Sorgen."
Ich: „Das kann ich verstehen. Ginge mir auch so. Magst du mir sagen, ob es eine schwere oder leichte OP ist, ohne ins Detail gehen zu müssen?"
Schülerin: „Ich weiß nicht, was die da mit ihr machen."
Ich (fassungslos): „Du weißt es nicht? Du machst dir Sorgen und es ist dein Recht zu wissen, was los ist. Jetzt verstehe ich dich noch mehr. Es wird bestimmt alles gut verlaufen, sonst wüsstest du es sicherlich."

Dieses Beispiel zeigt sehr genau, welch große Auswirkungen Ereignisse zu Hause in der Schule haben. Jugendliche bringen alle einen Rucksack mit. Jeder ist unterschiedlich befüllt und landet früher oder später ausgekippt im Klassenzimmer. Sicherlich war es die Absicht der Mutter der Schülerin, sie nicht zu beunruhigen. Mit der Zurückhaltung von Informationen zum vermeintlichen Schutz der Tochter erzeugte sie allerdings eine enorme Unsicherheit.

Sprich offen mit deinem Teenager

Sprich offen mit deinem Kind über die Probleme, die dich beschäftigen. Es ist nicht ihre Aufgabe, sie zu lösen, aber sie spüren, wenn dich etwas beschäftigt, und können dich und deine Emotionen besser einschätzen, einordnen und verstehen, wenn du die Situation offen kommunizierst. Damit bist du deinem Teenager ein Vorbild im Umgang mit Emotionen.

Ein weiteres Beispiel: Stell dir vor, du bist wütend und schreist herum. Nicht die beste Art, aber es passiert jedem von uns. Versuche, nach deinem Wutausbruch deine Emotionen zu erklären: „Weißt du, ich war so sauer, weil ...!“ Wenn deine Tochter oder dein Sohn wütend sind, helfen Sätze wie „Nicht in diesem Ton!“ oder „Jetzt komm aber mal runter!“ nicht. Spiegle stattdessen das Gefühl und bilde einen unvollständigen Satz, den dein Kind beenden kann: „Ich sehe, dass du sauer/traurig bist. Du bist jetzt sauer/traurig, weil ...“

Jugendliche brauchen Strategien, wie sie mit Emotionen umgehen können, und die lernen sie anhand von Vorbildern. Wenn ich mich vor der Klasse im Ton oder in meiner Art und Weise vergreife, spiegeln mir die Schülerinnen und Schüler das in der Regel zurück. Größe ist es, wenn wir Erwachsenen zugeben können, dass wir einen Fehler gemacht haben. Dann geht es darum zu erklären, wie es dazu kommen konnte, und gleichzeitig zu zeigen, dass man daraus lernt. Wie schon erwähnt: Perfektion gibt es nicht.

Die Psychologin Gudrun Breitmaier stellte in meinem Podcast einen Erste-Hilfe-Koffer für den Umgang mit Emotionen vor:

1. **Nach dem Grund suchen:** Jedes Verhalten hat einen Grund, etwa eine Schulangst, und diesen Grund gilt es zu finden.
2. **Gefühle widerspiegeln:** Das Kind hat Gründe und das Recht, so zu fühlen. Ihm seine Gefühle ausreden zu wollen, kann nicht

funktionieren, denn es würde sich nicht gesehen fühlen. Versuche einem wütenden Menschen zu sagen, er solle nicht so wütend sein – viel Erfolg! Wenn du stattdessen sagst: „Ich sehe, du bist wütend!“, wird die Wirkung eine andere sein. Auch scheinbar negative Gefühle wie Wut sind ein legitimes Gefühl.

3. **Lösungen suchen:** Hierbei geht es nicht um Vermeidung, sondern um Ansätze, das Problem zu bewältigen. Ideen dazu können auch von deinem Kind kommen.

Wenn Kinder zu uns Eltern sagen, wie sehr sie uns hassen, meinen sie doch eigentlich, dass sie ihre Eltern lieben, aber eine Mauer zwischen ihnen ist. Meine Tochter sagte einmal mit sechs Jahren zu mir: „Wenn ich sauer auf euch bin, hau ich manchmal Dinge raus, die ich gar nicht so meine. Ich weiß dann eben gar nicht, was sagen soll. Ich liebe euch eigentlich.“

Meine Elternabende beende ich gerne mit den Worten: „Denken Sie an Ihr Kind. An den Moment der Geburt, der bedingungslosen Liebe, ohne dass Ihr Kind etwas getan haben muss. Heute ist es ein Teenager und hat so viel getan. Denken Sie einmal daran, warum Sie stolz auf Ihr Kind sind und warum Sie es lieben. Mit diesen Gedanken gehen Sie nun nach Hause und sagen Ihrem Kind genau das!“

Auch wenn es nicht den Anschein hat: Jugendliche wollen das nicht nur spüren, sondern auch wissen. Jeder Mensch möchte auch ab und an einmal hören: „Ich liebe dich“ oder „Ich bin stolz auf dich“, gern auch mit einer Begründung, warum das so ist. Mach es einfach gleich das nächste Mal, wenn du deinen Teenager siehst.

Alle Emotionen sind erlaubt

Wir sollten nicht nur über „gute“ Emotionen sprechen, sondern auch über die Gefühle in Situationen, in denen wir verlieren. Beispielsweise wird Männern und Jungen auch heutzutage immer noch gesagt, sie dürften nicht weinen oder Schwächen zeigen, sondern müssten stark sein. Dabei ist wahre Stärke doch, wenn man auch über seine Schwächen sprechen kann. Auch hierfür braucht es Vorbilder.

Eine Schülerin berichtete mir, dass in ihrer Familie nicht über Gefühle gesprochen wird. Als ihr Freund einmal weinte, war sie überfordert, weil sie es nicht kannte, dass Männer auch weinen können. Wenn du also möchtest, dass dein Kind nicht nur mit seinen eigenen Gefühlen, sondern auch empathisch mit den Emotionen anderer Menschen umgeht, kann es das nur lernen, wenn bei euch in der Familie alle Gefühle erlaubt sind und gezeigt werden dürfen.

Michael Stahl, Kampfsport- und Anti-Mobbing-Trainer
„Wir brauchen auch wieder eine Kultur und eine Gesellschaft, die über Schwächen und Niederlagen sprechen kann. Heute geht es nur noch darum, dass die Kinder auf das Gymnasium kommen. Meine Tochter hatte einen schweren Autounfall. Ich wusste nicht, ob sie den überlebt. Hätte mir damals jemand gesagt, dass meine Tochter auf die Sonderschule gehen muss und jeden Tag nur noch Sechser mit nach Haus bringt, hätte ich gesagt, dass das der Beweis dafür ist, dass sie lebt.“

Michael Stahl erzählte mir im Podcast folgende Situation. Ein Vater, der seinen 16-jährigen Sohn in der Kampfsportschule abholen wollte, beklagte sich bei Michael. Seinen Worten nach saß sein Sohn nur am Computer, wurde in der Schule gemobbt, hatte schlechte Noten und war straffällig und drogenabhängig geworden. Außer sich rief der Vater: „Ich bin fertig! Mir hat man nie etwas erzählt! Alles ging an mir vorbei! Ich komme nicht mehr an meinen Sohn ran!“ Daraufhin entwickelte sich folgender Dialog:

Michael Stahl: „Liebst du deinen Sohn?“
Vater: „Was ist das für eine Frage?“
Michael Stahl: „Eine ganz normale. Liebst du deinen Sohn?“
Vater: „Natürlich liebe ich meinen Sohn.“
Michael Stahl: „Hast du es ihm schon gesagt?“
Vater: „Das weiß er doch!“
Michael Stahl: „Hast du es ihm schon gesagt?“
Vater: „Das zeige ich ihm doch.“
Michael Stahl: „Hast du es ihm schon gesagt?“
Vater: „Ich habe es doch früher auch nicht gehört!“
Michael Stahl: Hast du es ihm schon gesagt?“
Vater: „Noch nie!“
Michael Stahl: „Hast du schon einmal mit ihm geweint?“
Vater: „Noch nie!“
Michael Stahl: „Ich habe als kleiner Junge gestohlen. Du auch?“
Der Vater guckt auf den Boden: „Na gut, ich habe auch schon mal gestohlen.“
Michael Stahl: „Hast du es ihm schon gesagt?“
Vater: „Nein.“
Michael Stahl: „Hast du als Jugendlicher mal ein Mädchen betrogen oder sie dich?“
Der Vater guckt wieder auf den Boden: „Beides kam vor.“
Michael Stahl: „Hast du es ihm schon gesagt?“
Vater: „Auch nicht.“
Michael Stahl: „Du wunderst dich, dass er nicht mit seinen Gefühlen zu dir kommt? Du kommst nicht mit deinen. Du wunderst dich, dass er mit dem was ihm in der Schule passiert, mit Schuld, Scham, Niederlagen und all den Verletzungen, nicht zu dir kommt? Er hat sie nie von dir gehört.“

Als der Sohn aus dem Training kam, stand der Vater auf, ging zu seinem Sohn und sagte: „Als deine Lehrerin angerufen hat und gesagt hat, dass du gemobbt wirst, war das meine Geschichte. Ich wurde auch über Jahre hinweg gemobbt. Deine Geschichte ist meine Geschichte. Ich habe auch nie gehört, dass ich geliebt werde. Du sollst wissen, wie sehr ich dich liebe."

Der Sohn stand völlig entwaffnet da: „Papa, das wusste ich alles gar nicht von dir!" Die beiden umarmten sich spontan. So entstand zwischen den beiden zum ersten Mal seit Langem wieder eine Basis für gegenseitiges Verständnis, die auf eine bessere Kommunikation in der Zukunft hoffen lässt.

Umgang mit Trauer

Als Religionslehrer habe ich mich viel damit auseinandergesetzt, was es für Jugendliche bedeutet, wenn jemand stirbt. Einen guten Umgang mit Trauer halte ich für sehr wichtig. Wie kannst auch du als Elternteil mit der Trauer von Jugendlichen gut umgehen?

In meinem Podcast beschreibt die Psychologin Gudrun Breitmaier Trauer als Teil unseres Lebens, als einen Prozess, wenn man etwas oder jemanden verloren hat, seien es die gewohnte Umgebung durch einen Umzug, ein krankes Haustier, das eingeschläfert werden muss, oder auch Menschen, die gestorben sind.

Gudrun Breitmaier, Psychologin
„Trauer ist ein langsames Gefühl, das Zeit braucht. Das kann man nicht wegreden mit Sätzen wie ‚Du findest schon neue Freunde'. Es muss auch getrauert und geweint werden dürfen. Erst dann kann man den nächsten Schritt tun."

Wenn ein Todesfall geschehen ist, schützt du, wie Gudrun Breitmaier erklärt, deinen Jugendlichen nicht, wenn sie oder er nicht zu einer Beerdigung darf. Viel besser wäre es, wenn er oder sie Abschied nehmen darf und etwa einen persönlichen Gegenstand oder eine Blume mit ins Grab legt. Dabei sollte dein Kind selbst bestimmen dürfen, wie nah es an einen Sarg geht und wer es dabei begleitet.

Jugendliche auf eine Beerdigung vorzubereiten, ist enorm schwer. Denn die Gefühle vor Ort sind nicht planbar. Sie hängen von der emotionalen Bindung zu der verstorbenen Person ab, von der aktuellen Tagesverfassung, von der Gestaltung der Zeremonie, von der Musik und vielen Dingen mehr. Was du aber im Vorfeld machen kannst, ist, deinem Kind den Ablauf eines solchen Tages nahezubringen. Auch ein Ritual, wie dem oder der Verstorbenen einen Brief zu schreiben oder gemeinsam Fotos anzusehen, kann bei einem Trauerprozess helfen.

TIPPS FÜR ELTERN

- Bevor Jugendliche selbstwirksam werden können, müssen ihre Grundbedürfnisse befriedigt sein.
- Du bist Vorbild im Umgang mit Emotionen.
- Kommuniziere, warum du gerade welche Gefühle hast und wie du mit ihnen umgehst.
- Auch Jugendliche brauchen Liebe. Lass es sie nicht nur wissen, sondern auch hören und spüren.
- Du kannst deinen Teenager nicht vor Trauer schützen, aber du kannst ihn darin begleiten.
- Suche nach dem Grund von Emotionen, spiegle sie und begleite den Prozess, damit umzugehen.

Konsequenzen sind besser als Strafen

Es gibt oft Situationen, in denen Erwachsene sagen: „Jetzt entschuldige dich bei ihm!“ Was danach kommt, ist ein widerstrebend genuscheltes „’tschuldigung“ und bestenfalls ein halbherziger Handschlag.

> **Dirk Fiebelkorn, Beziehungspädagoge**
> „Wir können uns nicht selbst entschuldigen. Wir können nur um Entschuldigung bitten. Der andere muss uns entschuldigen und die Schuld von uns nehmen. Gleichzeitig müssen wir damit leben, wenn uns das Gegenüber eben nicht entschuldigt.“

Was Dirk hier meint, ist, dass in einer Entschuldigung der Begriff Schuld steckt. Das bedeutet, jemand hat einem anderen etwas angetan und trägt die Schuld. Diese Schuld kann also nur derjenige von ihm nehmen, dem geschadet wurde. Ich kann mich also niemals selbst entschuldigen, sondern immer nur mein Gegenüber mich. Wir können nur um Entschuldigung bitten.

Das eigentliche Problem ist mit einer Entschuldigung aber noch nicht gelöst. Um eine Auflösung der Situation zu erreichen, benötigen wir eine Mischung aus Verantwortungsübernahme und Wiedergutmachung.[21]

EINBLICK: ECHTES ENTSCHULDIGEN

Eine Schülerin war von zwei Schülern als „Hurentochter" beschimpft worden. Es folgte unter Anwesenheit der Mutter der Schülerin für die drei Beteiligten ein Crashkurs in Sachen Mobbing und Beleidigung mitsamt Perspektivwechsel: Wollten die Schüler selbst so genannt werden und warum nicht?

Als die beiden dann das übliche „'tschuldigung" grummelten, fügte ich eine Aufklärung über Entschuldigungen hinzu. Mit dem, was dann passierte, hatte ich nicht gerechnet: „Herr Zeitler, dann haben wir ja auch die Mutter beleidigt und müssen auch bei ihr um Entschuldigung bitten." Sie wandten sich an Mutter und Tochter und baten beide um Entschuldigung. Damit bewiesen sie wahre Größe.

Ich hatte Gänsehaut und die Mutter Tränen in den Augen. Beziehungsarbeit, Wiedergutmachung, Verantwortung, Empathie innerhalb von wenigen Minuten – komplett ohne Strafe.

Aus Fehlverhalten wirklich lernen

Wie oft haben wir als Kinder Mist gebaut, dafür ein Verbot oder eine Strafe bekommen und danach doch den gleichen Fehler wieder gemacht? Oft haben wir unser Verhalten nicht geändert, weil wir nicht einsehen konnten, warum das doof und keine gute Idee war. Also haben wir es beim nächsten Mal wieder genauso gemacht, obwohl wir wussten, was uns erwartet.

Ich erkläre den Jugendlichen immer, dass es bei mir kein Nachsitzen mit Störtexten und kein Abschreiben von Schulordnungen gibt. Bei mir gibt es Konsequenzen. Fragen sie mich: „Was wäre denn die Konsequenz, wenn ich XY mache?", erkläre ich, dass das auf den Fehler, auf die Absicht und auf die Häufigkeit ankomme.

Konsequenzen sind eine Einzelfallentscheidung, die eines nicht ist: leicht. Und damit unterscheiden sie sich diametral vom Strafen.

Strafen kann man geben, sie bringen aber nur einen kurzfristigen Erfolg und sind meist mit einer negativen Handlung verbunden. Um einen pädagogischen Erfolg zu erzielen, brauchen wir aber Konsequenzen – in der Schule und zu Hause. Echte Konsequenzen sind Game-Changer. Sie bestehen aus zwei Teilen: Wiedergutmachung bzw. Empathie und Verantwortungsübernahme.

Stell dir vor, ein Jugendlicher beschmiert in der Schule eine Wand und wird dabei erwischt. Die geläufige Strafe ist oft, die Schulordnung abzuschreiben oder Ähnliches. Zu Hause gibt es ebenfalls eine Strafe: Handy weg oder ein anderes Verbot. Die Strafe hat keinen eigentlichen Zusammenhang mit der Tat. Logisch wäre es, die Schmierereien vom Teenager selbst entfernen zu lassen. Der Lerneffekt ist immens größer.

Ist das Säubern nun eine Strafe oder eine Konsequenz? Wir brauchen eine genauere Definition von Strafe und Konsequenzen. Die liefert der Beziehungspädagoge Dirk Fiebelkorn in meinem Podcast:

Strafen haben meistens einen negativen Impuls. Hier geht es nicht um Einfühlungsvermögen, sondern nur um die reine Unterbindung und um die Konditionierung eines Verhaltens. Strafen stehen meist nicht in direktem Zusammenhang mit der Tat. Wirkliche Erziehung sieht anders aus.

Eine Konsequenz besteht aus zwei Teilen, der Wiedergutmachung und der Empathie sowie der Bereitschaft, Verantwortung zu tragen. Es geht also nicht um die Erzeugung eines schlechten Gewissens, sondern um einen echten Perspektivwechsel, ein Nachdenken, warum das Verhalten keine gute Idee war.

Um bei unserem Beispiel zu bleiben, führt der Schmierfink also etwa mit dem Hausmeister, der für die Instandhaltung der Wände zuständig ist, ein Gespräch und tüncht die Wand neu. Der Perspektivwechsel macht ihm klar, dass bzw. warum die Schmierereien keine gute Idee waren.

> **Dirk Fiebelkorn, Beziehungspädagoge**
> „Bei Konsequenzen dürfen die Betroffenen auch mit einem guten Gefühl aus der Situation rausgehen, indem sie merkten, dass sie alles wieder in Ordnung gebracht haben. ‚Das war gut, aber anstrengend, das mache ich nicht noch mal.'"

Bei Konsequenzen wird gelernt, dass man Fehler auch wieder gutmachen kann. Die Ideen zur Wiedergutmachung kommen im besten Fall von den Betroffenen selbst. Natürlich sind Strafen effektiv, um möglichst schnell die Kontrolle über eine Situation zurückzuerlangen. Deshalb sei an der Stelle noch mal gesagt: Du wirst als Erwachsener niemals komplett die Kontrolle in der Arbeit mit Jugendlichen haben. Mit Strafen erzielst du zwar schnell einen vermeintlichen Erfolg, aber das eigentliche Problem, das hinter dem Verhalten steckt, verschiebt sich nur nach hinten und wird langfristig größer, weil der Lerneffekt fehlt.

Schlauer werden die Jugendlichen davon nicht, nur strategischer, und entwickeln ein Verhalten, um bestimmte Sanktionen zu umgehen.

Noch absurder werden Strafen, wenn Jugendliche schon im Vorfeld Schulordnungen abschreiben, um sie dann im richtigen Moment nur herausziehen zu müssen. Verbote lassen sich oft leicht umgehen. Wenn ich als Kind Fernsehverbot hatte, lernte ich mit der Zeit abzuschätzen, wie lange ich in ihrer Abwesenheit fernsehen konnte, damit der Röhrenfernseher noch Zeit zum Abkühlen hatte. Ein anderes Beispiel: Sagst du zu deinem Kind: „Dann gibt es heute eben keine Süßigkeiten!", wird es dir nachmittags mit einem frechen Grinsen erzählen, dass eine Freundin in der Klasse zu ihrem Geburtstag Gummibärchen verteilt hat ... Du wirst nie ganz die Kontrolle haben.

Lehrerin aus dem Instagram-Lehrerzimmer
„Wir arbeiten mit dem Prinzip der restaurativen Gerechtigkeit. Dabei geht es um wiederherstellende Gerechtigkeit im Sinne einer Wiedergutmachung oder einer Wiederherstellung der Beziehung. Als ein Schüler den Füller einer anderen Schülerin kaputt gemacht hatte, sind wir ins Gespräch gegangen. Der Schüler erklärte sich bereit, einen neuen Füller zu kaufen. Die Schülerin äußerte noch den Wunsch, dass sie seine Hilfe gebrauchen könnte, um Ordnung am Platz zu schaffen. So kamen beide positiv und ohne gegenseitige Verurteilung aus der Situation raus."

Mit Strafen lernen Jugendliche nicht, warum ihr Verhalten nicht gut war. Klar, Konsequenzen fordern mehr Zeit und Kreativität. Dafür sind sie nachhaltiger und ermöglichen es allen Seiten, ohne Gesichtsverlust aus der Situation zu gehen.

Raphael Kirsch, Krisen- und Konfliktpädagoge
„Pädagogik ist nun mal Arbeit, verdammte Axt!"

Jedes Verhalten hat einen guten Grund

Dirk Fiebelkorn vergleicht Pädagogik mit einem langen, anstrengenden Marathon, an dem irgendwann der Punkt kommt, an dem sich die Arbeit gelohnt hat. Wenn wir Strafen abschaffen wollen, geht es nicht um die Abschaffung von Regeln! Wir können nicht ohne Regeln leben und arbeiten. Natürlich brauchen wir sie, um Klarheit und Sicherheit zu haben, was geht und was nicht geht und wo die Grenzen sind.

Jedes Verhalten hat einen guten Grund. Auch wenn er dich als Elternteil nervt und du ihn nicht verstehst. Wenn du nicht hingehst und fragst, wo das Problem ist, hast du verloren. Mit Strafen findest du diese Dinge nicht heraus, du deckelst sie nur.

Dirk Fiebelkorns Leitsatz „Ich sehe dich!“ ist hier wichtig. Jugendliche brauchen die Möglichkeit, sich mit ihrem Verhalten auseinanderzusetzen und zu hinterfragen, warum sie sich so verhalten. Dazu brauchen sie dich als Elternteil, und zwar nicht von oben herab, sondern auf Augenhöhe. Das ist Beziehungsarbeit pur, in der du auch mal laut und emotional werden darfst.

Wenn ihr eine gute Beziehung habt, ist Fehlverhalten kein großes Ding mehr. Wenn dein Teenager beispielsweise wieder einmal in den Raum platzt und das gerade stattfindende Gespräch unterbricht, hilft es, Verständnis zu zeigen und gleichzeitig zu begründen, warum gerade der falsche Moment dafür ist. „Ich sehe und verstehe, dass dir das gerade sehr wichtig ist. Guck mal, ich unterhalte mich gerade und möchte mich auf das Gespräch konzentrieren. Gib mir einen kleinen Moment, damit ich dir die gleiche Aufmerksamkeit schenken kann.“

Konsequenzen sind eine Haltung. Es geht nicht darum, immer sofort eine Konsequenz parat zu haben. Konsequenzen sind keine Methode, sondern eine Haltung. Analysiere die Situation und frage dich bzw. den „Geschädigten“: „Was braucht es nun, damit die Situation im Sinne einer Wiedergutmachung aufgelöst werden kann?“ Es geht einmal mehr um ein Beziehungsangebot und um Empathie.

Im besten Fall sollte die Konsequenz direkt mit der Tat in Verbindung stehen, wie im Beispiel mit der beschmierten Wand das Tünchen. Es darf auch etwas sein, was die Situation für dich wiedergutmacht oder dir hilft. Je nach Alter deines Teenagers und Situation kann das auch mal eine Umarmung sein, ein Brief an dich, Hilfe im Haushalt, ein selbst gebackener Kuchen, das Planen eines Familienessens und der Einkauf.

Lehrerin aus dem Instagram-Lehrerzimmer

„Ich finde es sehr wichtig, Jugendlichen Lebenskompetenzen zu vermitteln, damit sie lernen, Risiken und Gefahren richtig einzuschätzen. Dazu gehört auch, Erfahrungen und Fehler machen zu dürfen, ohne Angst vor Strafen oder Konsequenzen. Hier braucht es Erwachsene, die Jugendlichen auf ihrem Weg zum Erwachsenwerden Orientierung und Begleitung geben. Ich finde Verbote und Strafen eher destruktiv und nicht nachhaltig. Natürlich gibt es bestimmte Regeln. Aber um Jugendliche zu erreichen, sollten Regeln ein gemeinsamer, fortlaufender Prozess sein, in dem ihr Wille, ihr Interesse und ihre Bedürfnisse mit einfließen.“

Du brauchst deinen Jugendlichen nicht ständig an Regeln zu erinnern. Die kennt er ohnehin in- und auswendig. Zeige ihm vielmehr, was seine Grenzüberschreitung mit dir macht und welche Werte er damit verletzt. Oft bekommst du Jugendliche viel schneller mit Werten wie Respekt, Loyalität, Wertschätzung und Toleranz als mit Regeln.

TIPPS FÜR ELTERN

- Nutze für langfristige Erfolge Konsequenzen. Sie bestehen aus Wiedergutmachung und Verantwortungsübernahme.
- Du musst keinen Konsequenzen-Katalog bereithalten. Entscheide mit deinem Teenager, was es braucht, damit Wiedergutmachung und Verantwortungsübernahme erfüllt sind.
- Dein Teenager darf mit einem positiven Gefühl aus der Situation kommen.
- Versuche zu verstehen, warum dein Jugendlicher so gehandelt hat. Du musst nicht einverstanden sein.
- Erarbeitet gemeinsam Lösungen und Regeln für die Zukunft.

Konflikte gut deeskalieren

Die positive Nachricht zuerst: Du als Elternteil entscheidest selbst, ob aus einer Provokation deines Jugendlichen ein Konflikt wird. Du hast die Situation in der Hand und kannst entscheiden, ob du in den Kampf gehst oder nicht. Aber: Geh nur in Kämpfe, die du auch gewinnen kannst. Über den Ausgang eines Kampfes entscheidet nicht der, der ihn beginnt, sondern der, der darauf reagiert.

Die größte Humbug-Floskel ist: „Der will doch nur Aufmerksamkeit. Darauf gehe ich nicht näher ein.“ Es geht nie nur einfach um Aufmerksamkeit, sondern um Bedürfnisse, die nicht erfüllt sind, die aber eben genau deine Aufmerksamkeit benötigen. Aber wie gehst du nun mit Beschimpfungen und endlosen Diskussionen um? Die Antwort liegt in der Beziehungsarbeit und in der richtigen Einschätzung von Situationen.

Kommst du in der emotional hochgeschaukelten Situation nicht an deinen Jugendlichen heran, lohnt es sich vielleicht, das Gespräch an einem anderen Ort zu einem späteren Zeitpunkt auf Augenhöhe fortzusetzen. So wahren beide Parteien ihr Gesicht, ihr beide habt gewonnen.

Die Frage ist doch eigentlich, *warum* machen Kinder das, was uns so zur Weißglut bringt, und wie gehen wir als Eltern damit um? Der Krisen- und Konfliktpädagoge Raphael Kirsch weiß aus seiner über 15-jährigen Arbeit in der Kinder- und Jugendpsychiatrie, dass es in solchen Situationen bei Jugendlichen um unbefriedigte Bedürfnisse geht. Willst du als Elternteil wirklich helfen und Konflikte deeskalieren, solltest du erforschen, welche Bedürfnisse bei deinem Jugendlichen nicht erfüllt sind. Das ist oft echte Detektivarbeit, bei der du kreative Lösungswege und Hypothesen aufstellen darfst, um diese später überprüfen zu können.

Raphael Kirsch, Krisen- und Konfliktpädagoge
„Meistens sind die unerfüllten Bedürfnisse in der Kategorie Sicherheit anzusiedeln. Da fehlen verlässliche Strukturen, Liebe, Beziehung und Selbstbewusstsein."

Aber was ist denn überhaupt eine Krise oder ein Konflikt? Raphael sagt dazu: alles, was zu einer Krise oder einem Konflikt werden kann, was dich in deinem Alltag herausfordert, wofür du kein gutes Konzept hast.

„Alles, was dich länger als 15 Sekunden ärgert, hat meistens mit dir zu tun", analysiert er im Podcast-Gespräch und zeigt uns Eltern die häufigste Strategie der Jugendlichen: den spielerischen Widerstand. Dieser richtet sich nicht gegen dich als Erwachsenen persönlich, sondern gegen die Regel. Es macht also keinen Sinn, die Regel zu wiederholen.

Eine andere Form ist der provokante Widerstand. Hier wird es persönlich, du wirst als Elternteil angegriffen. Es geht nicht mehr nur um die Regel, sondern auch darum, dass sie ausgerechnet von dir eingefordert wird.

Ganz wichtig ist in beiden Fällen der Perspektivwechsel. Versetze dich in deinen Teenager. Wenn er sein Gesicht wahren will, bleibt er im Kampfmodus. Wenn auch du jetzt weiterkämpfen willst, wirst du lauter und kannst nur verlieren. Die Lösung ist also eine Situation, in der ihr beide gewinnt: vertagen!

EINBLICK: „NIMM DAS CAPPY RUNTER!"

Lehrer: „Das Cappy muss runter!"
Schüler: „Nein! Bei Frau Schmidt dürfen wir das. Außerdem ist dann meine Frisur kaputt."
Lehrer: „Das kann ich gut verstehen. Meine Frisur wäre dann auch im Eimer. In deiner Situation hätte ich auch keine Lust. Nimm es trotzdem bitte ab."
Schüler: „Nein, mach ich nicht! Verpiss dich, du Idiot."
Lehrer: „Letzte Chance! Jetzt!"
Schüler: „Vergessen Sie's!"
Lehrer: „Ich werde mich mit dir darüber nicht streiten. Bist du sicher, dass du das Cappy weiter aufbehalten willst?"
Schüler: „Ja! Lassen Sie mich in Ruhe!"
Lehrer: „Okay, bevor wir beide uns hier weiter streiten, lass es auf und komm bitte nach der Stunde zu mir."

Mit Vertagen kann tatsächlich ein anderer Tag gemeint sein. Noch besser ist es, das Thema zu einer anderen Zeit am selben Tag noch mal aufzugreifen, wenn die Emotionen auf beiden Seiten runtergekocht sind. Damit hast du das Ruder nicht aus der Hand gegeben.

Wenn es Streit zwischen Teenagern gibt

Das Vertagen ist auch in anderen Situationen hilfreich. Manchmal kommen Jugendliche auf Eltern zu, weil es gerade ein Problem mit einem Freund oder einer Freundin gibt. Oft ist schwer einzuschätzen, ob es jetzt wirklich ein Konflikt ist oder nur eine Laune oder Lappalie. Im einen Moment sollen Erwachsene bei der Konfliktbewältigung helfen, und im nächsten Moment lachen die Beteiligten schon wieder auf Facetime zusammen.

Erwachsene sind nicht dafür da, den Streit zwischen Jugendlichen zu lösen. Das ist die Aufgabe der Jugendlichen selbst. Dirk Fiebelkorn betont, dass die Rolle der Eltern hier nur sein kann, den Streit zu moderieren. Dabei müssen wir den Streit nicht verstehen. Hier helfen Fragen wie: „Was braucht ihr, damit ihr euch einigen könnt?“ Eltern unterstützen den Streit und die Streitkultur, indem sie Moderatoren sind und die Bedürfnisse sichtbar machen. Dabei geht es nicht um die Lösung selbst, sondern um den Prozess dorthin.

In manchen Situationen hilft der Satz: „Okay, ich habe verstanden. Aber lass uns zu einem geeigneten Zeitpunkt darüber sprechen. Dann habe ich vielleicht schon eine Idee. Aber dazu brauche ich etwas Zeit.“ Das gibt sowohl dir als auch deinem Kind Zeit, eine eventuelle Lösung zu entwickeln. Wenn die Jugendlichen das Problem bis dahin allein lösen, kannst du dein Kind nach ihrer Lösungsstrategie fragen. Gleichzeitig hast du deinen Teenager ernst genommen und den Vorfall nicht von vornherein abgetan, sondern deine Tochter oder deinen Sohn gesehen.

Den Stress für beide Seiten reduzieren

Oft aber geht es um mehr. Wenn dich dein Teenager beleidigt, erzeugt das bei dir Stress. Jetzt gilt es, den Stress auf beiden Seiten zu reduzieren und in dieser emotionalen Situation bloß keine Erklärungsversuche zu starten. Niemand schafft einen solchen Stress, wenn es ihm gut geht. Jugendliche benötigen in solchen Situationen keine Abwehr von dir, sondern Hilfe.

„Jede herausfordernde Verhaltensweise ist Ausdruck eines Mangels“, sagt Krisen- und Konfliktpädagoge Raphael Kirsch. Meistens mangelt es am Verständnis für die Situation. Aus meiner Erfahrung hilft es zu fragen, was Jugendliche eigentlich brauchen, um die Situation zu verbessern. Oder zu fragen, wie sie die Situation empfunden haben. Wenn es beispielsweise jeden Tag Streit darüber gibt, wann ins Bett gegangen wird, pünktlich in die Schule zu gehen oder im Haushalt mitzuhelfen, frage doch mal präventiv, bevor die Situation kommt: „Wir wissen beide, dass es heute eskalieren wird. Was können wir tun, damit das nicht so weit kommt?“

Zum Schluss noch eine gute Nachricht. Ich denke, dass du als Elternteil ganz intuitiv ein gutes Bauchgefühl für richtige und sachliche Reaktionen hast. Manchmal machen uns die eigenen Emotionen aber einen Strich durch die Rechnung. Wir Erwachsenen müssen also lernen, in solchen Situationen die Emotionen rauszunehmen. Das ist allerdings gar nicht so leicht, denn unser Gehirn entscheidet sich während eines Konflikts binnen Sekunden für *fight*, *flight* oder *freeze* – kämpfen, flüchten oder erstarren. Bei geringen Konflikten können wir Reaktionen trainieren, etwa durch kurzes Augenschließen, Luftholen oder Zählen in Gedanken. In dem Moment, wo wir als Eltern von unserem Kind beleidigt oder bedroht werden, entscheidet unser Gehirn für uns. Innehalten hilft – selbst wenn du danach nicht die perfekte Konfliktlösung findest.

TIPPS FÜR ELTERN

- Herausforderndes Verhalten ist immer ein Ausdruck von Mangel.
- Du entscheidest, ob es ein Konflikt wird.
- Geh nur in den Kampf, wenn du ihn gewinnen kannst. Ansonsten entscheide dich fürs Vertagen.
- Spiegle das Verhalten deines Jugendlichen: „Ich bekomme gerade mit, dass du …" und sende Ich-Botschaften: „Ich sehe …", „Ich fühle …".
- Halte inne, mach eine Atempause oder zähle gedanklich: „21, 22, 23 …" So wird der rationale Teil des Gehirns angeworfen und die Emotionen reduziert.
- Schlichte keinen Streit, sondern unterstütze dein Kind im Prozess der Lösungsfindung.

Wenn dein Kind psychische Probleme hat

Jugendliche haben vor allem nach Corona immer mehr mit psychischen bzw. mentalen Problemen zu tun. Laut der Copsy-Studie waren vor der Coronapandemie nur 18 % der Jugendlichen von psychischen Auffälligkeiten betroffen. Während des Lockdowns waren es 31 % und danach 23 %, es ist also ein Anstieg zu beobachten. Nicht alles ist sofort eine Depression. Depressive Symptome sind zwar während des Lockdowns kurzzeitig angestiegen, danach aber wieder gesunken. Ängste allerdings sind gestiegen und nur bedingt zurückgegangen.[22]

Wenn du nicht gerade Psychologie studiert hast, gehört sicher die Analyse von psychischen Problemen nicht zu deinem Fachgebiet. Dann scheue dich nicht und hole dir und deinem Teenager Hilfe. Es ist eine Stärke, sich Hilfe zu holen! Die erste Anlaufstelle könnte die

Lehrkraft deines Kindes sein. Professionelle Lehrkräfte schildern ihre Beobachtungen, stellen aber nie eine Diagnose und können dir über das Netzwerk der Schule Kontakte zu psychologischen Beratungsstellen, zur Schulsozialarbeit, Schulpsychologie oder weiteren Experten vermitteln.

Signale rechtzeitig erkennen

Wichtig ist es, die Signale deines Kindes ernst zu nehmen. Wenn dein Kind Schulangst hat oder Essstörungen oder selbstverletzendes Verhalten zeigt, verurteile es nicht! Versuche, die Hintergründe zu verstehen, und vor allem: Sei für deinen Jugendlichen da. Es braucht oft nicht viele oder auch gar keine Worte.

Um aber richtig zu reagieren, braucht es ein Grundverständnis von Begriffen. Der Unterschied zwischen einer psychischen Belastung und einer ernsthaften Erkrankung ist schwer zu erkennen. Laut Professor Gerd Schulte-Körne, Leiter der Kinder- und Jugendpsychiatrie München, belasten Jugendliche vor allem Trennungs- oder Zukunftsängste, wie er in unserem Podcast-Gespräch analysiert. Sie sind unruhig, haben Aufmerksamkeitsstörungen oder haben sich zurückgezogen. Das allein sind noch keine Erkrankungen. Kommen aber über längere Zeit, also mehr als zwei Wochen, negative Stimmung, Rückzug oder auch Schlafstörungen hinzu, könnte das ein Hinweis auf eine Erkrankung sein.

Besonders wichtig ist Professor Gerd Schulte-Körne, dass Eltern die Diagnose Fachleuten überlassen. Eltern sollten nicht urteilen und bewerten, sondern einfach nur da sein und genau beobachten und dokumentieren.

Hierbei bist du nicht allein, Lehrkräfte können dich in einem gewissen Maß unterstützen. Die Rolle der Eltern und Lehrkräfte ist es, Verantwortung zu übernehmen und dem Kind Sicherheit zu geben. Dabei bist du als Elternteil für die Organisation der Behandlung zuständig, die Lehrpersonen für deren Integration im Schulalltag.

Aus der Erfahrung von Professor Gerd Schulte-Körne sind Eltern oft unsicher im Kontakt mit der Schule, wie sie eine psychische Erkrankung ansprechen sollen. Hier hilft es, wenn Lehrkräfte Dialogbereitschaft signalisieren, um gemeinsam einen optimalen Weg zu finden.

Professor Gerd Schulte-Körne, Leiter der Kinder- und Jugendpsychiatrie München
„Oft wird unterschätzt, dass schulischer Stress durch Mobbing oder eine belastende Lehrer-Schüler-Interaktion psychische Erkrankungen verstärken kann. Man muss also eine ganzheitliche Perspektive entwickeln und nicht nur immer auf die Kinder- und Jugendpsychiatrie schauen und hoffen, dass die das dann richten."

Depressive Verstimmungen

Depressive Verstimmungen erkennst du laut Psychologin Gudrun Breitmaier daran, dass dein Jugendlicher antriebslos ist, kein Interesse mehr zeigt, kaum Energie hat oder sich sozial zurückzieht. Bei Aussagen wie „Ich krieg nichts mehr hin“, „Keiner mag mich!“ „Ich bekomme keinen Beruf, der mir Spaß macht!“ solltest du aufmerksam werden. Oft sind die Anzeichen in kleinen Sätzen versteckt, in denen die Müdigkeit oder die Unlust auf Schule beschrieben wird.

Jugendliche merken, dass sie häufiger traurig sind, haben negative Gedanken, bewerten alles negativ, sind antriebslos und haben keine

Kraft mehr morgens aufzustehen, sich mit Freunden zu treffen oder Hobbys nachzugehen. Schlafstörungen oder Veränderungen im Essverhalten sind dabei nicht selten Begleiterscheinungen. So schlafen Jugendliche schlechter ein, wachen früher auf, essen mehr oder leiden an Appetitlosigkeit. All diese Prozesse können sich schleichend über Wochen entwickeln oder rasant schnell. Nun könnte man meinen, dass die eben genannten Anzeichen bei manchen Jugendlichen in der Pubertät als normal gelten. Professor Schulte-Körne betont dabei die langfristige Verschlimmerung der Verhaltensänderung: „Jeder von uns hat mal einen schlechten Tag und kommt schlecht aus dem Bett. Aber wenn das über 14 Tage so ist und sich nicht verändert, ist es ein sicherer Hinweis darauf, dass da etwas nicht in Ordnung ist."

Wie bereits erwähnt, wende dich in einem solchen Fall an die Schulsozialarbeit oder eine psychologische Beratungsstelle. Auch Lehrkräfte können viel dazu beitragen, dass sich Eltern und Kinder unterstützt fühlen.

Katharina, ehemalige Realschülerin

„Ich hatte in der siebten Klasse Depressionen mit selbstverletzendem Verhalten und Dissoziationen. Ich hatte zu dieser Zeit zwei sehr engagierte Lehrerinnen, denen ich vertrauen konnte und denen ich alles erzählte. Daraufhin haben sie im Umkreis alle Kinder- und Jugendpsychologen abtelefoniert. So war ich dann über ein Jahr in psychotherapeutischer Betreuung.

Parallel hatten diese zwei Lehrerinnen bis zu meinem Abschluss immer ein Auge auf mich. Das hat mir persönlich sehr geholfen, weil ich nicht allein mit meinen Problemen fertig werden musste. Den beiden bin ich bis heute sehr dankbar."

Schulangst

Der größte Fehler, den Lehrkräfte und Eltern beim Thema Schulangst machen können, ist laut Krisen- und Konfliktpädagoge Raphael Kirsch, den Stoff zu reduzieren und alles nach Hause zu schicken. Eltern und Lehrkräfte sollten besser gemeinsam ein Konzept entwickeln, mit dem Lernen trotzdem funktionieren kann und sich das Kind der Angst stellen kann: „Aus Ängsten entwickelt sich Vermeidungsverhalten, und je größer das Vermeiden ist, desto schwieriger ist es, später wieder in den Alltag zu starten."

Das Konzept darf also nicht die Vermeidung unterstützen, sondern muss lösungsorientiert sein. Die Lösung ist nicht, die Schule zu vermeiden, sondern Strategien zu entwickeln, wie die Angst bewältigt werden kann. So können erste Erfolgserlebnisse geschaffen werden, wenn der oder die Jugendliche erst einige Stunden, dann ein paar Tage und später einige Wochen wieder zur Schule geht. Zwischen den Schritten ist die reflektierende Frage wichtig, wie die Jugendlichen die Bewältigung der Aufgabe geschafft haben. Dabei nimmst du als Elternteil den Druck raus und forderst gleichzeitig deine Tochter oder deinen Sohn in einem Stufenplan.

Die Psychologin Gudrun Breitmaier hat schon viele Gründe für Schulangst oder Schulverweigerung erlebt. Oftmals bleiben Jugendliche zu Hause, wenn ein Elternteil krank ist und sie sich Sorgen machen oder weil sie in der Schule überfordert sind. Manchmal sind es auch einfache Konflikte in der Klasse, die zu einem solchen Verhalten führen. Sollte dein Teenager eine Schulangst entwickeln, sind die richtigen Anlaufstationen: die Lehrkraft, die Schulsozialarbeit und die psychologische Beratungsstelle.

Sucht und Essstörungen

Beim Thema Sucht ist es wichtig, zwischen einem erhöhten und missbräuchlichen Konsum und einer Sucht zu unterscheiden. Diese Sucht wird aus der Sicht des Leiters der Kinder- und Jugendpsychiatrie München, Professor Gerd Schulte-Körne, gesellschaftlich immer noch verharmlost. Die Hürden zur Alkoholbeschaffung und die Kosten seien für Jugendliche noch zu gering. Auch die Legalisierung von Cannabis sieht er kritisch: Diese Stoffe führen zu einem erhöhten Risiko für psychische Erkrankungen. „Wenn die Jugendlichen plötzlich überhaupt keine Aktivierung mehr haben, erreichen wir sie gar nicht mehr. Das sind Erkrankungen, die wirklich lange anhalten. Es ist tragisch, dass junge Menschen durch Cannabiskonsum so aus dem Leben herausgerissen werden.“

Beim Thema Essstörungen und Magersucht findet Gerd Schulte-Körne den Begriff „Sucht“ irreführend. Es handelt sich um sehr ernst zu nehmende, schwere psychische Erkrankungen, die im schlimmsten Fall zum Tod führen können. Jugendliche haben hier eine völlig falsche Wahrnehmung ihrer selbst.

Wenn du vermutest oder konkrete Hinweise hast, dass dein Teenager unter Essstörungen leidet, bist du gefordert. Verlass dich auf keinen Fall auf Aussagen deines Teenagers wie: „Ich esse schon wieder!“ Nach der Erfahrung von Raphael Kirsch haben Jugendliche mit Essstörungen die Verantwortung für ihr eigenes Leben abgegeben oder können sie nicht mehr tragen. Es braucht dich als Elternteil, die diese Verantwortung für sie übernehmen. Das bedeutet, als Mutter oder Vater da zu sein und Wege und Hilfsangebote aufzeigen und auch zu begleiten. Die passenden Telefonnummern, Kontakte und Ideen bekommst du auch hier von der Lehrkraft, der Schulsozialarbeit oder beim Kinderarzt. Beratungsstellen und Hilfsangebote im Internet findest du im Anhang dieses Buches aufgeführt. Du darfst und sollst

Hilfe zur Selbsthilfe leisten und bei dem Telefonat dabeisitzen, wenn das gebraucht wird. Sei verlässlich und begleite deinen Jugendlichen ohne Vorwürfe durch diese Zeit.

Selbstverletzendes Verhalten

> **Jaqueline, Schülerin auf einem beruflichen Gymnasium**
> „In den letzten Jahren haben mich die Themen selbstverletzendes Verhalten, Essstörungen, Suizidgedanken und Medikamenten- und Alkoholmissbrauch begleitet. Als ich Leistungsabfälle in der Schule hatte und die Klausuren reihenweise verhauen habe, war es entscheidend für mich, mich den Lehrkräften öffnen zu können. Sie hatten ein offenes Ohr für mich und haben mich gleichzeitig professionell weitervermittelt, erst an die Schulsozialarbeit und schließlich an die Suchtberatung."

Bei einem solchen Fall mit so vielen unterschiedlichen Themen ist es der Psychologin Gudrun Breitmaier wichtig, einerseits zu sortieren und andererseits zu überprüfen, welche Ressourcen vorhanden sind. Das bedeutet zu gucken, was der Teenager gut kann, welche anderen Menschen als Unterstützung zur Verfügung stehen, welche Freunde und Hobbys oder auch Rückzugsorte ihm oder ihr guttun. All das bedeutet sensible Beziehungsarbeit.

Wichtig zu wissen ist, dass nicht jedes selbstverletzende Verhalten mit Selbstmordgedanken einhergeht. Gudrun Breitmaier vereinbart in diesen Fällen immer eine Abmachung per Handschlag, dass der oder die Jugendliche zum nächsten Termin wiederkommt. Andernfalls darf sie am Handy anrufen. So werden die Folgetermine verbindlich. Schließlich hat man die Vereinbarung getroffen, anrufen zu dürfen. „Manchmal geht es den Jugendlichen nach zwei Wochen schon besser und sie vergessen den Termin. Dann kann ich mich telefonisch rückversichern", sagt die Psychologin.

Egal ob es sich um selbstverletzendes Verhalten handelt oder du den Verdacht hast, dein Kind hege Selbstmordgedanken: Zieh Experten zurate! Es ist nicht deine Aufgabe als Elternteil, eine Diagnose zu stellen.

Kliniken sind überfüllt und können oft keine längere Behandlung ermöglichen, sondern werden mit einer Krisenintervention versorgt. In diesen sogenannten Clearingstellen werden Jugendliche unmittelbar aufgenommen, um in Krisen zu einer Entlastung zu kommen. „Aber trotzdem gibt es ja in der Versorgung noch mehr Möglichkeiten. Es gibt ambulante Behandlungsplätze, also die ambulante Kinder- und Jugendpsychotherapie, bei der man zum Teil zwar auch warten muss, aber wo es meistens schneller Plätze gibt. Es ist aber jeder Einzelfall zu prüfen, denn nicht alle müssen gleich in die Klinik. Manchmal kann man auch Lebenskrisen mit anderen Möglichkeiten bewältigen“, so Gerd Schulte-Körne.

Das Wichtigste ist in jedem Fall, lebensmüde Gedanken von Jugendlichen ernst zu nehmen und nicht zu ignorieren. Aktiviere alle Ressourcen, um zu überprüfen, ob dein Kind tatsächlich gefährdet ist.

Tanja, Mutter

„Unsere Tochter ging in die 7. Klasse auf dem Gymnasium, als sie psychische Probleme bekam. Da waren wir sehr froh, dass sie einen ganz tollen Klassenlehrer hatte, der sich sehr um sie bemühte. Auch ich stand mit ihm im regen E-Mail-Kontakt. Wir hatten auch viele Elterngespräche und er war immer sehr darauf bedacht, dass es Tanja in der Klasse gut geht. Wir haben uns als Eltern um einen Platz bei einem Psychologen und um einen Therapieplatz in der Klinik gekümmert."

Präventionsmaßnahmen

Die Frage, die du dir als Elternteil sicherlich stellst, ist, ob du dein Kind vor psychischen Problemen schützen kannst. Ist das möglich? „Die meisten Kinder und Jugendlichen, die Depressionen entwickeln, haben eine Entwicklungsgeschichte mit ungelösten Konflikten, mit massiven Stressoren, sei es in der frühen oder der späteren Entwicklung. Es wird immer wieder unterschätzt, wie wichtig es ist, die Jugendlichen dabei zu unterstützen, mit Belastungssituationen besser umzugehen oder eben gewisse Stressoren generell zu vermeiden“, erklärt Professor Schulte-Körne.

Auf der Internetplattform www.ich-bin-alles.de geben Gerd-Schulte-Körne und sein Team Hilfe zur Selbsthilfe bei psychischen Erkrankungen von Kindern und Jugendlichen. Diese Plattform wurde unter anderem gemeinsam mit betroffenen Jugendlichen und verschiedenen Partnern entwickelt. Die Leitlinien zur Behandlung von Depressionen sind zwar gut und richtig, allerdings für Fachleute geschrieben. Betroffene Jugendliche können damit wenig anfangen. Hier setzt die Plattform www.ich-bin-alles.de an.

Prof. Gerd Schulte-Körne, Leiter der Kinder- und Jugendpsychiatrie München

„Auf der Plattform geben wir ganz konkrete Hinweise: Wie kann ich meinen Tag gestalten? Was mache ich, wenn ich schlechte Laune habe? Was mache ich, wenn meine Freunde sich von mir abwenden? Es gibt auch Jugendliche, die eine Depression gehabt haben und in einem Podcast davon erzählen, wie das gewesen ist und was ihnen geholfen hat. Viele Jugendliche berichten zum Beispiel, dass die Aktivierung durch Sport oder Tanz unheimlich viele Ressourcen freisetzt. Sie berichten aber auch, wie wichtig es ist, gleichaltrige Freunde zu haben, die Zeit für einen haben und sich mit ihnen hinsetzen und zuhören.“

Auf www.ich-bin-alles.de können sich je nach ausgewähltem Modus du als Elternteil oder dein Kind informieren oder ihr kommt über einen Button schnell zu niederschwelligen Hilfsangeboten wie Telefon-Hotlines, Beratungsstellen oder psychiatrischen Notdiensten sowie an Adressen von spezialisierten Jugendärzten und Psychiatern. Auf der Homepage gibt es nicht nur Podcasts, sondern auch Bilder, Videos und Texte. Eine gute Ergänzung dazu ist die gleichnamige Instagram-Seite.

Wenn die Gedanken deines Jugendlichen nur noch kreisen und sein oder ihr Alltag eingeschränkt ist, hole dir und ihm oder ihr sofort Hilfe. Bei längerfristigen Situationen bieten die regional organisierten psychotherapeutischen Angebote Hilfen an, ebenso die Kinder- und Jugendpsychotherapie. Oder du gehst ganz einfach zum Hausarzt bzw. zum Kinder- und Jugendarzt. Die stellen die richtigen Fragen und wissen sehr schnell, was zu tun ist. Du bist in dieser Situation mit deinem Teenager nicht allein!

TIPPS FÜR ELTERN

- Werde hellhörig, wenn du Anzeichen von psychischen Problemen bei deinem Teenager wahrnimmst.
- Mach keine Vorwürfe, sondern nimm die Sorgen ernst.
- Holt euch professionelle Hilfe von außen, um die Anzeichen richtig einzuordnen.
- Anlaufstellen sind: Lehrkräfte, Schulsozialarbeit, Jugendhilfe, Kinder- und Jugendärzte, psychologische Beratungsstellen.
- Überlasse die Diagnose dem Fachpersonal.
- Umgehe Vermeidungshaltungen, sondern arbeite mit deinem Jugendlichen fordernd und lösungsorientiert.
- Setze beim Lösungsprozess kleine Etappenziele.
- Sich Hilfe zu holen, ist eine Stärke!

Wenn dein Kind gemobbt wird

Jedes dritte Kind wird zum Opfer von Schikanen.[23] Die Gründe dafür sind vielschichtig, deshalb ist es so schwer, sich davor zu schützen. Wenn jemand einen Grund sucht, einen anderen systematisch zu mobben, wird er einen finden. Es kann jeden von uns treffen: zu klein, zu groß, zu dick, zu dünn, zu unlustig, zu lustig, zu uncool, Brille, Hautfarbe, Aussehen, Kleidung, die Eltern, das Wohnviertel, Geld ... die Liste ist endlos.

> **Hasnain Mahmood, Sales Development Manager**
> „Meiner Meinung nach ist Mobbing auch ein Zeichen von Langeweile. Jemand ergötzt sich am Leid der anderen und denkt nicht daran, welche krassen Auswirkungen das auf das Opfer haben kann. Anstatt sich gegenseitig fertigzumachen, könnte man gemeinsam so viel mehr erreichen."

Wenn wir alle gleich wären, wäre das Leben ganz schön langweilig. Es braucht diese Spitzen, diese Ecken und Kanten. Einer meiner Lieblingssätze ist: „Sei du selbst, die anderen gibt es ja schon." Klar ist das nicht immer einfach. Wenn es einfach wäre, wäre es ja wieder normal. Aber genau das versuche ich auch meinen Schülerinnen und Schülern zu vermitteln: „Macht euer Ding und macht es so, dass ihr aus der Masse heraussticht."

Aus eigener Erfahrung weiß ich aber, dass viele Jugendliche sich diese Haltung und dieses Selbstvertrauen hart erkämpfen müssen. Das Selbstvertrauen können Jugendliche durch ihre Hobbys und Freizeitaktivitäten bekommen. Jeder ist in irgendetwas besser als ein anderer. Sobald Jugendliche diese Erfolge erkennen können, werden sie nicht nur immer besser, sondern auch selbstwirksamer und selbstbewusster.

EINBLICK: AUCH ICH WAR IN DER SCHULE MOBBINGOPFER

Dieses Thema ist mir so wichtig, weil ich selbst in der Schule ein Mobbingopfer war, weil ich „anders" war. Ich war uncool, kleiner, weniger sportlich, trug die falschen Klamotten und die falsche Frisur und hatte einen ganz eigenen Style und dazu damals noch einen Nachnamen, der zum Mobbing einlud: Köpl. Warum auch immer, diese Kombination genügte, um geschubst und nonverbal und verbal fertiggemacht zu werden, bis ich mich in der Klasse nicht mehr wohlfühlte.

Meine Schülerinnen und Schüler kennen meine Geschichte und wie ich mich als Mobbingopfer gewehrt habe. Ich bin nicht stolz darauf, wie ich das getan habe. Hätte mich die Klassenlehrerin dabei erwischt, wäre ich drangewesen, denn schließlich wurde ich zum Täter – keine ruhmreiche Geschichte, die zum Vorbild taugt. Trotzdem erzähle ich meine Geschichte vor den Klassen, um zu zeigen, wie schnell Opfer zu Tätern werden können.

Wir Eltern können diesen Teufelskreis nur durchbrechen, wenn wir Mobbing mit einem anderen Mindset begegnen und von vornherein verhindern. Du brauchst dazu besonders feine Antennen.

„Zero Tolerance"

Lass keine noch so vermeintlich kleine Beleidigung einfach so stehen. Natürlich sagen Jugendliche „Das war nur Spaß!", um ihr Gesicht nicht zu verlieren. Aber ob und wie viel in ihnen zerbricht, sehen wir nicht. Toleriere deshalb nicht einmal Ansätze von Mobbing oder Diskriminierungen. Öffentliche Täter-Benennungen und Schuldzuweisungen bringen niemanden weiter, denn sie beinhalten

Bewertungen. Nur die Tat selbst darf bewertet werden. Es geht um einen achtsamen Umgang miteinander und darum, den Kindern und Jugendlichen deutlich zu machen, dass sie gut sind, wie sie sind.

> **Hendrik Duryn, Schauspieler**
> „Wir sind so unfassbar schnell mit den Begriffen Mobbing und Opfer. Wir sollten uns mehr darauf konzentrieren, wie wir miteinander reden. Der Fokus sollte auf der Kommunikation und der Bedeutung von Sprache und Wörtern liegen."

Nicht alles, was gemeinhin als Mobbing bezeichnet wird, ist auch Mobbing. Aber wenn etwa ein Mädchen regelmäßig im Kreis hin und her geschubst und dabei gerufen wird „Wir haben die Pest von ihr!", dann ist das Mobbing.

Mobbing startet mit einem Konflikt, gefolgt von systematischen, sich wiederholenden Anfeindungen über einen längeren Zeitraum hinweg. Diese werden vom Opfer als diskriminierend empfunden, weswegen es sich aus der Gruppe ausgestoßen fühlt.[24] Was viele nicht wissen oder unterschätzen: Mobbing ist insofern strafbar, als dass die damit verbunden Handlungen laut Strafgesetzbuch zur Anzeige gebracht werden können: Körperverletzung, Nötigung, Beleidigung, üble Nachrede, Verleumdung, Beleidigung trotz Wahrheitsbeweis, Diebstahl und Sachbeschädigung.[25] Dabei hilft es, das Mobbing als Opfer und Beobachter genau zu dokumentieren. Denn eine Anzeige ist nur erfolgreich, wenn Beweise dokumentiert wurden.

Mit den eigenen Stärken gegen Mobbing

Das Problem ist, dass es keine Patentlösung für Mobbing gibt. Dazu sind die Konflikte zu unterschiedlich. Erst mal musst du als Elternteil überhaupt erkennen, dass dein Teenager gemobbt wird. Dann gilt es, die Stärken deines Jugendlichen zu fördern. Das ist schwer. Aber: „Wenn die Gemobbten für sich herausfinden, wo ihre eigentlichen Stärken liegen, und den inneren Konflikt lösen, um sich selbst mehr wertzuschätzen, müssen wir die Mobber nicht mehr bekämpfen, denn dann haben sie gar keine Angriffsfläche mehr“, so der Schauspieler Hendrik Duryn in meinem Podcast.

Der heutige Kampfsporttrainer und ehemalige Bodyguard Michael Stahl ist ebenfalls früher gemobbt worden. Heute geht Michael an Schulen und betreibt Mobbingprävention. Dort erzählt er seine Geschichte, genauso wie ich in meinen Klassen von meinen Erfahrungen berichte, nur aus dem einen Grund: „Wenn ich jemanden in seinem Herzen erreichen möchte, muss ich etwas aus meinem Herzen berichten.“ Nur so öffnen sich Kinder und Jugendliche und erzählen von ihren Erlebnissen.

Sein Ansatz ist es, die Täter zu verstehen. Das bedeutet allerdings nicht, mit deren Handlungen einverstanden zu sein. Dieser Perspektivenwechsel verändert alles. Mobbing ist ein Schrei nach Liebe oder eine Möglichkeit, einen eigenen Schmerz loszuwerden.

Michael Stahl, Kampfsport- und Anti-Mobbing-Trainer
„Wenn einer sagt, sein Kind sei so aggressiv, entgegne ich immer: ‚Da sind wir jetzt erst mal dankbar dafür. Es will dir nämlich etwas sagen.‘“

Es reicht aber nicht, nur die Täter zu verstehen, sondern vor allem die, die von den Mobbingattacken betroffen sind. Für diese ist oftmals nicht Montag der schlimmste Tag, obwohl es der Tag ist, an dem alles nach dem sicheren Wochenende wieder losgeht. Der schlimmste Wochentag für Mobbingopfer ist der Sonntag. Es ist der Tag, an dem der oder die Betroffene voller Angst im Bett liegt und sich ausmalt, was wohl am nächsten Tag in der Schule auf ihn oder sie wartet. Sie fragen sich, was man ihnen am kommenden Morgen antut und wie man sie diesmal bloßstellt. Wenn du das bei deinem Teenager feststellst, sei verständnisvoll, nimm die Sorgen ernst und stärke ihn.

Zurück zum Thema Selbstbewusstsein bei Mobbing. Das Opfer hat nicht genug Selbstbewusstsein, um sich zu wehren, der Täter holt sich seines durch seine Handlungen. Michael Stahl: „Was ist Selbstbewusstsein? Ich kann mir meiner selbst bewusst sein, dass ich stark oder schwach bin. Selbstbewusstsein definieren wir oft mit Wertigkeit. Wenn ich jemanden beschenke, dann beschenke ich mich dadurch automatisch mit. Das bedeutet aber auch, wenn ich jemanden verletze, quäle oder mobbe, dann verletze ich nicht nur den Menschen gegenüber. Der erste Mensch, den ich verletze, bin ich selbst."

Seiner Meinung nach sollten Erwachsene liebevoll Grenzen setzen und sich auch einmischen. Eltern dürfen bestimmte Dinge nicht durchgehen lassen, weil es vermeintlich einfacher ist. Sätze wie „Das bildest du dir doch nur ein" sind nicht zielführend. Nimm deshalb jeden Hinweis auf Mobbing ernst.

Wenn wir als Eltern eine Kultur entwickeln könnten, auch über Misserfolge und unsere schlechten Erfahrungen im Leben zu sprechen, könnten sich Mobber und Gemobbte vielleicht schneller öffnen, und vielleicht gäbe es dann weniger Mobbingfälle. Deshalb hier noch mal meine Bitte: Zeige deiner Tochter oder deinem Sohn auch, wie man mit Niederlagen und mit den damit einhergehenden Gefühlen umgeht. Wenn wir Erwachsenen in unserer Beziehungsarbeit nichts von uns selbst erzählen, dürfen wir uns nicht wundern, wenn sich unsere Kinder uns ebenfalls nicht öffnen.

Mobbing findet allerdings heute eher im digitalen Raum als auf dem Schulhof statt. Jeder sechste Jugendliche hat Erfahrungen mit Cybermobbing.[26] Cybermobbing, das Mobbing in den sozialen Medien, findet nicht analog statt, sondern im digitalen Raum. Um damit besser umzugehen, empfehle ich dir die Erste-Hilfe-App „Cyber-Mobbing“ von klicksafe. Hier bekommst du schnell und niederschwellig Tipps und Impulse, was du tun kannst, und findest die richtigen Anlaufstellen, wenn dein Kind im Netz oder in den sozialen Medien gemobbt wird.

Mobbing beenden

Wie beendest du das Mobbing, egal ob dein Kind gemobbt wird oder dasjenige ist, das andere mobbt? Versuche auch hier, vorwurfsfrei zu verstehen und die Hintergründe herauszufinden – es mag einen Grund für das Verhalten geben.

Du selbst jedoch wirst das Mobbing leider gar nicht beenden. Genauso wie beim Mobbing immer jemand anfängt, so muss auch zur Beendigung des Mobbings jemand den Anfang machen. Am besten ist es, wenn eine Beobachterin oder ein Beobachter im Beisein des Mobbers die Initiative ergreift und auf das Opfer zugeht, um es aus der Situation zu nehmen.

Wenn Michael Stahl mit Mobbingopfern darüber spricht, ob diese schon ihre Eltern über die Vorkommnisse informiert hätten, bekommt er oft die Antwort, die Eltern hätten es schon schwer genug. Er sagt dann zu den Jugendlichen: „Ich verstehe dich total.

Es ist super, dass du so viel Rücksicht zeigst. Aber deine Eltern lieben dich und merken ganz genau, dass da etwas nicht stimmt. Jetzt machen sie sich Gedanken, warum ihr Kind nicht mit ihnen redet. Das ist schlimmer als das Thema, um das es eigentlich geht. Wenn du zu deinen Eltern kommst, schenkst du ihnen Vertrauen, auch wenn die Nachricht traurig ist und weh tut."

Du bist mit deinen feinen Antennen als Expertin oder Experte für deinen Teenager gefragt, indem du mit ihm einfühlsam und wertschätzend kommunizierst. Sagst du „Ignorier es doch einfach!", wird das nicht funktionieren, denn wie soll man etwas ignorieren, das so verletzend ist? Sätze wie „Da musst du drüberstehen!" oder „Das wird schon wieder aufhören" helfen kein Stück weiter, denn für die Betroffenen ist das Mobbing real. Mit solchen Aussagen wird das Mobbing relativiert und der Teenager alleingelassen.

Vielleicht könnt ihr gemeinsam eine Strategie erarbeiten, wie sich dein Kind wehren kann – allerdings bitte nicht körperlich. Sich mit Worten oder mit Körpersprache zu wehren, ist hingegen in Ordnung. Er oder sie kann deutlich machen, dass jetzt Schluss ist, weil eine Grenze überschritten ist. Damit das klappt, muss es vorher selbstbewusst werden, denn die richtigen Worte, Gestik und Körperhaltung spielen dabei eine große Rolle.

Deine Aufgabe als Elternteil besteht darin, dass niemand das Recht hat, einen anderen Menschen fertigzumachen, um selbst scheinbar stärker und großer zu sein. Jeder Mensch ist wertvoll und schützenswert.

Michael Stahl, Kampfsport- und Anti-Mobbing-Trainer
„Ich war Personenschützer. Im Prinzip sind wir alle Personenschützer. Es ist nicht immer einfach, jemandem beizustehen. Aber einem Menschen beizustehen, ist etwas unfassbar Schönes. Es ist ein sensationell gutes Gefühl, wenn man jemanden nicht im Stich lässt, sondern ihm beisteht. Wir brauchen wieder gute Personenschützer in der Gesellschaft."

TIPPS FÜR ELTERN

- Nutze deine feinen Antennen, um Mobbing bei deinem Jugendlichen zu erkennen.
- Setze auf wertschätzende Kommunikation und zeige Grenzen auf, wenn dein Kind selbst Täter wird.
- Dokumentiere die Mobbingvorfälle so genau wie möglich.
- Nimm die Gefühle deines Kindes ernst, wenn es gemobbt wird, und versuche sie nicht kleinzureden.
- Lenke den Blick deines Teenagers auf seine Stärken.
- Thematisiere den richtigen Umgang mit Misserfolgen und schlechten Gefühlen.
- Dein Kind darf sich mit Worten (keine Beleidigungen!), Körpersprache und Gestik wehren.
- Wenn ihr Hilfe braucht, sind die Lehrkräfte, die Schulsozialarbeit und psychologische Beratungsstellen Ansprechpartner.

Dann ist professionelle Hilfe gefragt

Niemand verlangt von dir, dass du alles selbst lösen kannst. Für mich gilt: Professionell ist, wer weiß, wo er Hilfe bekommt. Also sei Profi und hole dir und deinem Jugendlichen in herausfordernden Fällen Unterstützung und Ratschläge oder lass dir weitere Experten aus Schulsozialarbeit oder psychologische Beratungsstellen vermitteln.

EINBLICK: „DU DARFST DAS NIEMANDEN SAGEN"

Eine Schülerin erzählt mir tränenreich von unschönen, um nicht zu sagen schockierenden Geschehnissen zu Hause. Ihre Erzählung beendet sie mit den Worten: „Meine Mutter hat gesagt, dass ich das alles für mich behalten soll und mit niemandem darüber sprechen soll. Aber wie soll ich das machen?"

Ich muss erst einmal tief Luft holen und denke mir meinen Teil zu den Worten der Mutter. Dann bleibe ich in meiner Rolle als Lehrer und mache der Schülerin klar, dass ihre Mutter das nicht von ihr verlangen kann. Jugendliche sind nicht der Kummerkasten, der dichthalten muss. Ich rate ihr, sich professionelle Hilfe zu holen und schicke sie zur Schulsozialarbeit, die ihre Erlebnisse gemeinsam mit ihr aufarbeiten kann. Kein Jugendlicher muss in einem solchen Fall allein sein.

Schulsozialarbeit

Du und erst recht kein Jugendlicher muss schwierige Erlebnisse mit sich selbst ausmachen. Es ist nicht die Aufgabe deines Jugendlichen, alles für sich zu behalten, was ihn beschäftigt! Niemand kann von ihm verlangen, nicht über seinen Themen zu sprechen. Deshalb gib deinem Teenager den Tipp, sich an die Schulsozialarbeit zu wenden, wenn er oder sie nicht mir dir sprechen kann oder will. Oft benötigen Jugendliche dringend eine neutrale Person, um über ihre Probleme zu reden. Neutral bedeutet in diesem Fall auch, dass die die sozialpädagogischen Fachkräfte an eine Schweigepflicht gebunden sind. Sofern es eine Schulsozialarbeit an eurer Schule gibt, ist es möglich, sehr kurzfristig Termine zu bekommen, oft schon am selben Tag.

Maike Graventein, Sozialpädagogin
„Häufig drängt es sehr bei den Jugendlichen. Man merkt, wenn sie da sind, fällt eine große Last von ihnen ab. Sie erzählen dann erst mal bis zu einer halben Stunde lang. Danach frage ich, wo ich sie nun unterstützen kann. Oftmals sind es so viele Themen auf einmal. Mein Ziel es ist dann, die Themen nach Wichtigkeit zu sortieren."

Vielleicht hast du Bedenken, dass sich deine Tochter oder dein Sohn bei der Schulsozialarbeit über die Eltern beschwert. Gut für dich ist nun zu wissen, dass die Sozialpädagogen Eltern nie als böse Menschen abstempeln. Vielmehr geht es darum, gemeinsam nach einer Lösung zu suchen. Die Schulsozialarbeit versucht, in ihrer Beziehungsarbeit mit den Eltern zu erklären, warum diese Hilfestellung wichtig ist, und trifft entsprechende Vereinbarungen.

Übrigens darfst auch du als Elternteil dich jederzeit an die Schulsozialarbeit wenden, um Rat einzuholen. Nutze diese Gelegenheit!

Psychologische Beratungsstellen

Bei psychologischen Beratungsstellen haben jede Bürgerin und jeder Bürger Anspruch auf eine kostenlose Beratung, die durch Steuermittel finanziert wird. Jeder Landkreis in Deutschland muss eine solche Beratungsstelle installieren. Du und dein Jugendlicher bekommen dort verhältnismäßig schnell Termine für Einzel- oder Gruppengespräche. Der Erstkontakt darf allerdings auch ohne Eltern stattfinden.

Um die Hürden möglichst gering zu halten, gibt es oftmals auch offene Sprechstunden, in denen Jugendliche unangemeldet in die Beratungsstelle kommen dürfen. Diese werden teilweise gemeinsam mit den Sozialpädagoginnen und -pädagogen der Schulsozialarbeit oder mit den besten Freunden wahrgenommen.

Die schon angesprochene Schweigepflicht gilt auch hier. Besonders spannend ist, dass auch Jugendliche ohne Wissen der Eltern ein Recht auf eine Beratung haben. Hier wird die Schweigepflicht nur gebrochen, wenn das Leben des Kindes in Gefahr ist. Dann muss der Kinderarzt oder Kinder- und Jugendpsychiater informiert werden.

Alle Probleme von Jugendlichen dürfen in der psychologischen Beratungsstelle zur Sprache kommen: allgemeine Pubertätsprobleme, Verhaltensauffälligkeiten oder Probleme, die auch eine Folge von Corona sein können wie Rückzug, soziale Distanz und Depression, oder auch eine Trennung der Eltern, die zu einem Leistungsabfall in der Schule führt. Eltern kommen entweder von selbst oder auf Rat einer Lehrerin oder eines Lehrers zur Beratungsstelle.

Angst davor, dass dir das Jugendamt gleich das Kind wegnehmen könnte, wenn du psychologische Hilfe suchst, musst du dabei nicht haben. Eine Mutter beschrieb mir die Angst, das Jugendamt könnte ihr das Kind wegnehmen, wenn sie sich an einen Psychologen wendet. Diese Sorge ist vollkommen unbegründet. Gerade wenn ihr euch Unterstützung sucht und Hilfe holt, freut sich jedes Jugendamt. Sie werden erst hellhörig, wenn ein Kind beispielsweise nicht zur Schule geht und die Eltern nichts unternehmen. Das Jugendamt nimmt Jugendliche erst immer als letzten Schritt aus den Familien. Zuerst wird alles versucht, um den Verbleib in der Familie zu ermöglichen.

Natürlich darfst auch du als Elternteil bei der psychologischen Beratungsstelle anrufen und um Rat fragen. Allerdings ist es den Hilfestellen wichtig, dass sich die Jugendlichen selbst melden, wenn es um sie geht. Auch hier gilt also für dich: Wenn dein Kind externe

Hilfe benötigt, muss er oder sie diese auch wollen und selbst anrufen. Du darfst dein Kind aber dabei begleiten und es so mental stützen. Denn der selbst getätigte Anruf zeigt die eigene Motivation, egal ob sich Jugendliche gleich am nächsten Tag melden oder eine Woche Bedenkzeit benötigen.

Gudrun Breitmaier, die in der psychologischen Beratungsstelle im Landkreis Leonberg tätig ist, betont dabei: „Sich Hilfe zu holen, ist eine Stärke!" Sie hat auch schon oft die Erfahrung gemacht, dass die Betroffenen erst einmal zu einem Schnuppertermin kommen. Für die Folgetermine melden sich manche erst nach ein paar Monaten wieder. Sie brauchten diese Zeit für ihren Entscheidungsprozess und sind erst jetzt bereit, sich zu öffnen. Jetzt kommen die Jugendlichen freiwillig und aus eigener Motivation. Jetzt kann eine richtig gute Beratung gelingen.

Die Gespräche finden unter vier Augen statt, wie Gudrun Breitmaier berichtet: „Es kann sein, dass es ein einmaliges Gespräch ist und es schon eine Idee gibt, was jemand anders machen kann. Oder es sind mehrere Gespräche, in denen man Lösungen und Veränderungen sucht. Man bespricht, was geholfen hat und was nicht geholfen hat. Wenn jemand auf einem guten Weg ist, kann man das auch wieder abschließen. Vielleicht kommt er oder sie auch in einem halben Jahr oder nach einem Jahr wieder, vielleicht aber auch nie mehr."

Bei gravierenden Fällen arbeiten die psychologischen Beratungsstellen mit der Psychiatrischen Institutsambulanz (PIA) zusammen, einem ambulanten Behandlungsangebot psychiatrischer Fachkrankenhäuser und psychiatrischer Abteilungen an Allgemeinkrankenhäusern. Diese können wenn nötig Diagnosen erstellen, Medikamente verschreiben und Klinikaufenthalte in die Wege leiten.

TIPPS FÜR ELTERN

- Kein Jugendlicher muss schwierige Situationen für sich behalten oder allein damit umgehen.
- Schulsozialarbeit und psychologische Beratungsstellen sind niederschwellige und kostenlose Anlaufstellen für Jugendliche und Eltern für alle Fragen und Probleme.
- Nicht nur dein Teenager bekommt hier Hilfe, sondern auch du.
- Es gibt unverbindliche Schnuppertermine.
- Jugendliche können die Beratung auch allein in Anspruch nehmen, müssen aber freiwillig kommen.

Hausaufgaben und Lernen unterstützen

Auch wenn Hausaufgaben aus wissenschaftlicher Sicht gar keinen Sinn machen, es gibt sie eben doch. Eine Studie der TU Dresden besagt, dass Hausaufgaben keinen Effekt haben. Gute Schüler werden durch sie nicht zwingend besser. Schlechte Schüler verstehen auch am Nachmittag durch das Wiederholen zu Hause nicht, was sie schon am Vormittag in der Schule nicht verstanden haben.[27] Lerncoach Caroline von St. Ange ist der Meinung, dass sie sogar noch schlechter werden, wenn sie am Nachmittag weiter mit ihrem eigenen Nichtkönnen konfrontiert werden.

In einer Studie des neuseeländischen Erziehungswissenschaftlers John Hattie über die Faktoren für Lernerfolg stehen die Hausaufgaben nur auf Platz 88. Sie haben nur geringe Effekte. Die Elternunterstützung beim Lernen steht auf Platz 45 und hat damit einen deutlichen Einfluss auf den Lernerfolg.[28]

Dein Feedback zählt

Das bedeutet, dass du als Elternteil mit deiner Beziehungsarbeit und pädagogischen Ansätzen einen höheren Einfluss auf den Lernerfolg deines Jugendlichen hast als die Hausaufgaben an sich. Dein Feedback und das der Lehrkraft machen den Unterschied. Es fördert nicht nur die Beziehungsebene, sondern auch die soziale Kompetenz deines Kindes. Feedback und die Beziehungsarbeit haben mit Platz 10 und 11 in der Hattie-Studie starke Effekte auf das Lernverhalten.[29]

Hausaufgaben sind tagtäglich Diskussionsstoff zwischen Jugendlichen und Eltern. Das Wichtigste dabei ist, dass Hausaufgaben und Lernen Spaß machen sollten. Hausaufgaben sind nur dann sinnvoll, wenn die Jugendlichen verstehen, warum es gut ist, diese Aufgaben zu erledigen. Es lohnt sich, Lernen wie ein Training zu sehen, bei dem der Muskel aufgebaut wird. Das tut manchmal weh, funktioniert nicht immer gleich gut und erfordert Disziplin, hat aber einen Sinn.

> **Caroline von St. Ange, Lerncoach**
> „Hausaufgaben sind sinnvoll, wenn ein Kind diese zu Hause mit einem Erwachsenen gemeinsam macht, der sich mit dem Stoff auskennt und vielleicht auch etwas korrigieren kann, wenn etwas falsch gemacht wird. Er sollte ein gutes Lernsetting für das Kind schaffen. Das muss aber praktisch ein Elternteil sein, das dafür auch die Zeit, die Bildung und vor allem die Geduld hat."

Ohne diese Voraussetzungen sind Hausaufgaben nur in den wenigsten Fällen sinnvoll. Caroline schätzt in meinem Podcast-Gespräch, dass diese Basis in den Familien nur bei zehn Prozent aller Kinder und Jugendlichen vorliegt. Das bedeutet gleichzeitig einmal mehr, dass Lernerfolg und Schulkarriere von der Unterstützung zu Hause abhängen. Wir schließen alle Kinder mit einem Elternhaus aus, die diese Bildung, Unterstützungsmöglichkeiten und Deutschkenntnisse nicht mitbringen.

Zudem müssen in der heutigen Gesellschaft oft beide Eltern arbeiten, um den Lebensunterhalt zu verdienen. Wer seine Kinder dann nach 17 Uhr oder später zum Lernen oder für Hausaufgaben motivieren will, braucht nicht nur Disziplin, sondern auch ganz viel Durchhaltevermögen.

Zudem spielt es eine große Rolle, welche Lernvoraussetzungen in der Wohnung geschaffen werden. Kinder, die einen eigenen Schreibtisch im eigenen Zimmer besitzen, lernen anders als diejenigen, die zu fünft in einer Zweizimmerwohnung wohnen und die Hausaufgaben am Küchentisch zusammen mit den Geschwistern bearbeiten müssen.

Es gibt also drei Gruppen: Gruppe eins macht die Hausaufgaben brav zu Hause – wahrscheinlich die wenigsten. Gruppe zwei „macht" die Hausaufgaben, indem sie schnell von anderen abgeschrieben wird. Die dritte Gruppe macht die Hausaufgaben einfach gar nicht und dürfte die meisten Mitglieder haben.

Aber was passiert dann? Nach dreimal nicht gemachten Hausaufgaben kommt ... eine Strafarbeit? Nachsitzen? Damit erkennen die Schülerinnen und Schüler ganz bestimmt keine Sinnhaftigkeit von Hausaufgaben.

Ich finde Hausaufgaben in Nebenfächern nicht sinnvoll. In den Hauptfächern machen sie nur Sinn, wenn die Jugendlichen an etwas üben können, was sie in der Schule gelernt haben. Das ist für mich eine einigermaßen sinnvolle Hausaufgabe: zu sehen, ob man allein zu Hause mit der Aufgabe und den erlernten Tools klarkommt, ohne Lehrkraft und Banknachbar. So merken Schülerinnen und Schüler, wo sie noch mal nachfragen müssen, und ich habe einen konkreten Anhaltspunkt, um zu helfen.

In der Abschlussklasse kommt noch ein weiteres Dilemma hinzu. Hier müssen die Lehrkräfte auf Prüfungen vorbereiten, die zentral erstellt werden – mit nicht wenigen Lerninhalten. Deshalb arbeitet meine Klasse die Aufgaben zur Prüfungsliteratur im dazugehörigen Arbeitsheft zu Hause durch. Ganz ohne Hausaufgaben geht es also in Abschlussklassen aufgrund der Vielzahl von Inhalten leider nicht. Wer die Hausaufgaben nicht macht, dem kann ich keine Tipps und kein Feedback zur Verbesserung geben. Das ist die harte Konsequenz. Wird die Aufgabe nicht erledigt, beraubt sich der Jugendliche der Möglichkeit, sich zu verbessern und eine Rückmeldung zu bekommen. Gleichzeitig kommuniziere ich, dass sie mich mit Aufgaben und Extra-Aufgaben zuschütten dürfen. Sobald ich etwas von ihnen bekomme, erhalten sie von mir ein Feedback oder die entsprechenden Fleißübungen.

„Hausaufgaben wirken wie Brandbeschleuniger auf die Bildungsungerechtigkeit, weil ein Teil der Aufgaben, die Schule hat, nach Hause verlagert wird. Die privaten Voraussetzungen schlagen dann voll durch“, kritisiert Lerncoach Caroline von St. Ange in meinem Podcast. Kinder und Jugendliche werden ins kalte Wasser geschmissen, ohne schwimmen zu können. Dabei wird oft vergessen, dass die Kinder, die in höheren Klassenstufen die Hausaufgaben selbstständig machen, vorher eine gute Unterstützung der Eltern hatten.

Caroline von St. Ange findet es ungerecht, wenn die Politik, das Schulsystem und die Gesellschaft nur an die Eltern appellieren, das richtige Lernumfeld zu schaffen. Es gibt zu viele Elternhäuser, die das nicht können, weil sie die Voraussetzungen dafür nicht haben. In ihrem Buch beschreibt sie Hausaufgaben als Hausfriedensbruch.[30]

Die Frage, die für Eltern nun am wichtigsten ist: Wie stellen wir den Hausfrieden wieder her, trotz der Hausaufgaben?

Für den Beziehungspädagogen Dirk Fiebelkorn geht es bei nicht gemachten Hausaufgaben eher um den Kontrollverlust der Erwachsenen. Hier wird schnell der Ruf nach Strafen und Konsequenzen laut, weil sonst das System zusammenbräche. Vielmehr sollten Eltern und Lehrkräfte um das Verständnis für die Notwendigkeit von und die Motivation für Hausaufgaben kämpfen.

> **Dirk Fiebelkorn, Beziehungspädagoge**
> „Fernab von der Diskussion über die Sinnhaftigkeit von Hausaufgaben geht es doch bei diesem Thema viel mehr um Überzeugungsarbeit bei den Schülerinnen und Schülern. Mit diesen brauchen wir eine gute Beziehung, damit wir überhaupt eine Relevanz besitzen."

Für Caroline von St. Ange geht es nicht um Erklärungen, warum Hausaufgaben sinnvoll sein könnten. Diese haben alle Schülerinnen und Schüler schon zigmal gehört. Es muss um das Erlebnis gehen, selbstwirksam sein zu können und zu merken, dass sie durch ihr Handeln etwas verändern können. „Allerdings sind die betroffenen Kinder schon so abgehängt, dass sie, selbst wenn sie etwas machen, immer noch eine schlechte Note bekommen", so Caroline von St. Ange. Denn um selbstwirksam sein zu können, müssen erst einmal die Grundbedürfnisse gedeckt sein, wie wir wissen. Eltern dürfen also nicht müde werden, weitere Anstrengungen zu fördern, um Frustrationen zu verhindern.

Jugendliche motivieren

„Ich hab jetzt aber keinen Bock auf Schule und Hausaufgaben!“ Wie kannst du deinen schulmüden Teenager motivieren? Die Antwort ist ernüchternd: In diesem Moment gar nicht! Auch hier lohnt sich der Perspektivwechsel. Zeige Verständnis, dass Schule eben auch mal richtig Mist ist. Und jetzt suche das, wofür es sich lohnt. Und das sind nicht die guten Noten oder die Lerninhalte.

Ihr braucht eine gemeinsame Idee, ein Ziel, wofür es sich lohnt, diese Aufgaben jetzt zu bewältigen. Dieses Ziel hast du im besten Falle mit deinem Jugendlichen im Rahmen der Berufsorientierung gesteckt. Wenn nicht, überlegt gemeinsam, was das nächstgrößere Ziel ist und was es wohl braucht, um das zu erreichen. Das Ziel ist ein guter Abschluss, und dafür braucht es gute Noten. Um die zu bekommen, braucht es Training.

Wenn du als Elternteil nun forderst „Mach jetzt deine Hausaufgaben!“ oder „Du musst mehr lernen!“ bringt das deine Tochter oder deinen Sohn nicht weiter. Diese Forderungen machen weder den Sinn der Anstrengung deutlich noch beinhalten sie eine Strategie zur Bewältigung der Aufgaben. Deine Fragen sollten also eher sein: „Was hindert dich am Lernen?“, „Warum verstehst du das noch nicht?“, „Was fällt dir an der Aufgabe schwer?“ und vor allem: „Was brauchst du von mir, damit du die Aufgabe lösen kannst?“. Nun hast du einen anderen Zugang geschaffen und kannst mit den folgenden Strategien aus diesem Kapitel anfangen zu arbeiten.

Das Gehirn muss wachsen

Caroline von St. Ange vergleicht die Funktion des Gehirns mit der eines Muskels. So muss man für einen durchtrainierten Körper mehrmals pro Woche trainieren, und das über Monate hinweg, damit die Muskeln sich entwickeln und wachsen. Der Erfolg ist nicht nach nur einem Training sichtbar.

Dieses wachstumsorientierte Mindset sollten Eltern und Lehrkräfte den Jugendlichen beim Lernen vermitteln. Es braucht tägliche Anstrengungen, die sie fordern, und nicht nur die Aufgaben, die sie schon können. Auch beim Training des Körpers legt man Gewichte dazu und bekommt vielleicht einen Muskelkater, aber danach wachsen die Muskeln. Ein anderer Vergleich ist der Profifußball. Damit ein Spitzenspieler auf dem Platz sein Spielkönnen mit Freude zeigen kann, ist hartes Training nötig. Zu diesem Training gehören auch Aufgaben, die erst mal keinen Spaß machen.

Caroline von St. Ange, Lerncoach
„Das soll so schwer sein und wehtun! Du sollst dasitzen und denken, dass es so schwierig ist und dein Kopf qualmt. Das sind genau die Gefühle, die du brauchst, damit die Synapsen entstehen und dein Gehirn wächst.“

Ein weiterer guter Vergleich: Die Schulzeit ist wie ein Computerspiel, das die Jugendlichen durchzocken. Die Jahrgangsstufen sind die Level. Gerade spielen die Jugendlichen zum Beispiel Level acht. Im Zeugnis werden die verbleibenden Leben angezeigt. Hat man drei Fünfer oder schlechter, hat man alle Leben verloren und muss das Level noch mal spielen. Am Ende des Spiels wartet der Endgegner: Abschlussprüfung. Alle Level zielen darauf ab, auf den Kampf gegen den Endgegner zu trainieren – natürlich wird das Training schwerer. Zwischendurch gibt es immer wieder kleinere Gegner: Klassenarbeiten. Die machen uns härter für den Endgegner. Je mehr wir also trainieren, umso höher sind die Chancen, den Endgegner zu besiegen.

Einmal beschwerte sich einer meiner Schüler: „Aber dann habe ich ja gar keine Jugend mehr!“ Dieses Argument ließ ich nicht gelten, da sich meine Hausaufgaben in Grenzen halten. Außerdem gab ich ihm einen Ausblick in die Zukunft. Ich erklärte ihm, dass es seine Entscheidung sei: Fällt die Wahl auf viel Freizeit und keine Hausaufgaben, bedeutet dies wenig Training, einen schlechteren Abschluss, keine gute Berufswahlmöglichkeit. Fällt die Wahl auf etwas weniger Freizeit und Hausaufgaben, bedeutetet das mehr Training, einen besseren Abschluss und im besten Fall eine freie Berufswahl und einen Traumjob.

EINBLICK: LERNEN OHNE DRUCK

Eine Schülerin, die im Unterricht produktive Schreibaufgaben zur Lektüre lösen sollte, gestand mir, die Aufgaben nicht beantworten zu können, weil sie das Buch nicht verstanden habe. Sie fragte mich, ob sie das Buch noch mal lesen dürfe und jetzt im Unterricht damit anfangen könne. Ich hatte Verständnis und gab ihr die Erlaubnis. Wir einigten uns darauf, dass sie nach dem Lesen versucht, die Aufgaben zu lösen und mir ein Foto davon in den Schul-Messenger schickt.

Durch das Wegfallen des Drucks, im Gleichschritt mit der Klasse dieselben Aufgaben zu lösen, kam die Schülerin bei den Schreibaufgaben zu einer richtig guten Lösung. Zwar nicht zur selben Zeit, aber dafür effektiv, motiviert und selbstwirksam.

Eltern verzweifeln oft zu Hause, weil ihre Kinder die Aufgaben nicht verstehen. Lerncoach Caroline von St. Ange empfiehlt in meinem Podcast die 5-Finger-Technik: „Der Daumen erinnert daran, die Aufgabe leise zu lesen, der Zeigefinger an das laute Lesen. Der Mittelfinger: rückwärts lesen. Dann fällt nämlich jedes Wort auf. Am Ringfinger angekommen unterstreichen wir die Schlüsselwörter, und beim kleinen Finger erklärt man selbst in eigenen Worten, was man zu tun hat.“

Wenn die Aufgabe immer noch nicht verstanden wurde, sollten die Lernenden ihre Mitschülerinnen und Mitschüler fragen und erst danach die Erwachsenen. Das Gute dabei ist, dass die Mitschülerinnen und Mitschüler beim Erklären selbst besser lernen. Caroline von St. Ange ist der Meinung, dass die Erklärungshoheit nicht bei den Erwachsenen liegen muss. Gleichaltrige können sich gegenseitig oft besser helfen, weil sie schneller verstehen, wo das Problem des Gegenübers liegt, und es in dessen Sprache verdeutlichen können.

Routinen für die Hausaufgaben

Du kannst deinen Teenager mit altersgerechten Routinen für die Erledigung der Hausaufgaben von Lerncoach Caroline von St. Ange unterstützen, von denen ich dir hier ein paar vorstellen möchte.

Oftmals läuft es wie folgt ab: Erst wird die Jacke an die Garderobe gehängt, etwas gegessen und dann auf Social Media geguckt. Der entscheidende Schritt ist nun, nicht in den Internetplattformen zu versacken. Hat sich es dein Teenager einmal gemütlich gemacht, ist es sehr schwer, eine Lernmotivation aufzubringen. Caroline von St. Ange rät, den Gedanken einzuüben, an den Hausaufgaben arbeiten zu wollen und somit auch an der eigenen Zukunft. Der beste Zeitpunkt dafür ist immer *jetzt*. Eine Möglichkeit wäre, zwar die Jacke aufzuhängen, aber die Schuhe anzubehalten. Es wird nichts gegessen und getrunken, sondern direkt angefangen zu lernen, um ins Tun zu kommen und im Workflow zu bleiben. Wenn diese Routine funktioniert, kann man sie später auch wieder aufweichen. Wenn du aber merkst, dass nach der Schule die Luft raus ist und eine Erholungsphase nötig ist, kannst du Verträge abschließen, die besagen, dass dein Kind nicht ins Bett geht, bevor nicht gelernt wurde oder die Hausaufgaben gemacht wurden.

Für den Sales Development Manager und ehemaligen Hauptschüler Hasnain Mahmood war es beispielsweise wichtig zu lernen, nicht direkt nach der Schule zu zocken, denn die Motivation zum Lernen war für ihn danach nicht mehr aufzubringen. Er lernte, sich sofort nach der Schule an seine Aufgaben zu setzen, um danach mit einem viel besseren Gefühl gamen zu können. Ihm ist aber bewusst, dass es unheimlich schwer ist, die Komfortzone zu verlassen und ablenkende Medien erst mal zur Seite zu schieben.

Kleinschrittig arbeiten

Ich bin ein großer Fan von To-do-Listen. Beim Streichen der erledigten Aufgaben sehen Kinder und Jugendliche sofort ihren Arbeitsfortschritt. Caroline weist darauf hin, dass es dabei wichtig ist, kleine und kurze To-dos aufzuschreiben. „Aufsatz schreiben“ ist eine zu große Aufgabe. Die To-do-Liste sollte kleinschrittig gegliedert sein, also etwa: „Brainstorming“, „Einleitung“, „Hauptteil“, „Schluss“, „Korrekturlesen“. Caroline von St. Ange empfiehlt, die einzelnen Zettel jeweils nach Erledigung einer Aufgabe unter Aufsicht in einer feuerfesten Schale zu verbrennen. Die Motivation, den Zettel zu verbrennen, überdauert die jeweils verhältnismäßig kurze Arbeitsphase bis zum Akt der Verbrennung.

Auch das Zeitgefühl kannst du als Elternteil einüben. Oftmals wissen Schülerinnen und Schüler nicht, wie lange sie an einer Aufgabe saßen. Versuche hier ein dreistufiges Modell. Im ersten Schritt wird die Zeit gestoppt und aufgeschrieben, wie viel Zeit für eine Aufgabe benötigt wurde. In der nächsten Stufe sollen sich die Jugendlichen die Aufgaben anschauen, sich überlegen, wie lange sie brauchen werden, und sich dann einen Timer stellen. Dabei lernen sie zu beurteilen, ob ihre eigene Einschätzung zu lange oder zu kurz war. Der letzte Schritt ist dann, die Aufgabe in einer limitierten Zeit zu bewältigen.

Hasnain Mahmood hat mit einer ähnlichen Methode gelernt. „Am Anfang habe ich erst zehn Minuten gelernt und dann zwei Stunden Pause gemacht. Danach habe ich mich wieder zehn Minuten hingesetzt. So wurde es immer mehr mit dem Lernen. Außerdem habe ich gemerkt, dass man umso weniger zu Hause lernen muss, je mehr man im Unterricht aufpasst", analysiert Hasnain Mahmood sein Lernverhalten. Ab diesem Zeitpunkt machte er auch mehr im Unterricht mit und nutzte die Mitarbeitsnoten als Verbesserungsmöglichkeit. Dadurch wurde er besser, und diese Erfolgserlebnisse motivierten ihn zu weiteren Anstrengungen.

> **Caroline von St. Ange, Lerncoach**
> „Wir wollen eigentlich gerne kreative, selbstbestimmte Macher in der Schule bilden. Aber Hausaufgaben sind genau das Gegenteil von kreativ und selbstbestimmt! Die Lösung kann doch nicht sein, dass wir Jahr für Jahr die gleichen Dinge mit dem gleichen Ergebnis wiederholen und uns wundern, dass sich nichts ändert."

Ideen für besseres Lernen

Jugendliche lernen mit Bewegungen besser. Ich malte die verschiedenen Zeitformen als Felder auf den Schulhof. Dann sagte ich einen Satz, und die Jugendlichen einer siebten Klasse sollten auf die richtige Zeitform, in der der Satz stand, hüpfen. Das Prinzip folgt der Kinderquiz-Show „1, 2 oder 3". Die Methode wurde am Anfang skeptisch beäugt, in der nächsten Stunde aber wieder verlangt.

Auch andere, kreativere Arten sind denkbar. Caroline von St. Ange lässt Hausaufgaben in Mathematik mit speziellen Kreidestiften auf Fensterscheiben schreiben. Jugendliche bringen dann der Lehrkraft ein Foto für die gemachte Aufgabe oder schicken es in den Schul-Messenger. Auch bei meiner Tochter feiere ich mit der Fenstermethode große Motivations- und Lernerfolge.

Für die Sekundarstufe hat Caroline weitere bewährte Methoden, um motiviert zu lernen. Jugendliche könnten sich online zu festen Hausaufgabenzeiten zusammenschalten. Eine Methode, die in allen Jahrgangsstufen gut funktioniert, ist, richtige Ergebnisse oder Vokabeln auf Zettel zu schreiben und an der Garage oder im Garten aufzuhängen und beim Lernen die Antworten mit einer Wasserpistole anzuspritzen. Analog funktioniert das Ganze mit Kreide und einem Fußball. Diese Methode eignet sich vor allem für Mathematik oder Fragen mit den Antwortmöglichkeiten A, B, C, D.

Zudem verweist Caroline von St. Ange auf digitale Lerntools und die Möglichkeit, in kollaborativen Dokumenten Aufgaben oder auf Social Media in einem Post zu lösen. „Es gibt digitale Programme, die einen abfragen können. Oder Geschwister verstecken die Vokabeln auf kleinen Zetteln und man muss sie finden. Der Kreativität sind keine Grenzen gesetzt.“ Auch in Mathematik gibt es digitale Tools, die direkte Rückmeldungen über das Ergebnis und Lernlücken ermöglichen. Einige davon habe ich dir im Buch hinten in den Empfehlungen aufgelistet. Dazu gehört auch das gesamte Buch von Caroline von St. Ange, „Alles ist schwer, bevor es leicht wird.“ Hier findest du viele Tipps für dich und deinen Jugendlichen.

TIPPS FÜR ELTERN

- Hausaufgaben haben keinen großen Einfluss auf den Lernerfolg. Sie bringen deinen Jugendlichen zwar nicht weiter, sie müssen aber gemacht werden.
- Leite Hausaufgaben als kreatives Training für einen Muskelzuwachs an oder als Meisterung eines Levels im Gaming „Schule“.
- Entwickelt kreative Routinen zum Start der Hausaufgaben und probiert aus, wann die beste Zeit für die Erledigung ist.

- Formuliert kleinschrittige Ziele für To-do-Listen oder Arbeitspläne, um die Motivation zu fördern.
- Alle Orte im Haus und alle Sitzpositionen sind erlaubt, um Hausaufgaben zu erledigen.
- Nutzt Bewegung, spielerische Umsetzung und Fensterscheiben mit speziellen Stiften als motivierende Möglichkeiten, Hausaufgaben anzufertigen.
- Beim Zeitmanagement braucht dein Kind deine Hilfe. Beginne mit kurzen Zeitabschnitten.
- Digitale Tools können dich als Elternteil entlasten und dein Kind motivieren.

Deinem Kind die Angst vorm Scheitern nehmen

Fest steht: Alle Beteiligten rund um die Schule dürfen innerhalb dieses Prozesses lustvoll Fehler machen. Nimm deinem Jugendlichen die Angst davor zu scheitern. Natürlich ist eine Niederlage nicht angenehm, aber nur so können wir besser werden.

Das bedeutet einerseits, Lust zu haben, Dinge auszuprobieren, auch wenn dabei eventuell Fehler passieren. Andererseits heißt es, die Fähigkeit zu stärken, Fehler zu reflektieren. Jemanden für schlechte Noten oder ein schlechtes Zeugnis zu bestrafen ist genauso wenig sinnvoll wie für ein gutes Zeugnis zu belohnen. Wertgeschätzt sollte die Entwicklung werden, zu der auch Tiefen gehören.

Machen uns Fehler zu schlechteren Menschen oder einfach nur reicher an Erfahrungen? Wir werden dieselben Fehler nicht noch mal machen. Menschen ohne diese Fehler stehen die Fehler vielleicht noch bevor. Es braucht Fehler, um besonders zu werden.

Für Jugendliche wie für Erwachsene gilt: Fehler sind nicht unsere Feinde, sondern unsere Helfer. Stell die Buchstaben im Wort „Fehler“ um und du erhältst „Helfer“! Eltern, Lehrkräfte, Kinder und Jugendliche dürfen die Lust nicht verlieren, Neues auszuprobieren und dabei auch mal zu scheitern. Wichtig ist es, das Scheitern genau zu analysieren und nicht die Schuld auf andere zu schieben.

> **Hendrik Duryn, Schauspieler**
> „Diese Angst vor Fehlern führt dazu, dass du steif wirst. Du bewegst dich nicht mehr, und das ist ein Zustand von Tod. Die Idee vom Leben ist es, lustvoll Fehler zu machen. Denn die machen wir doch sowieso.“

Fixed Mindset vs. Growth Mindset

Das Fixed Mindset geht von einer festgelegten Haltung aus. Menschen mit dieser Haltung sind davon überzeugt, dass sie etwas nicht können und auch nie erlernen werden. Sie vergleichen sich mit anderen, ob vielleicht jemand besser ist als sie. Sie haben Angst, Fehler zu machen.

Das Growth Mindset beschreibt die entgegengesetzte Haltung: Menschen in diesem Bereich nehmen Misserfolge nicht hin, sondern wachsen an ihnen. Sie scheuen keine Fehler und nehmen Neues als Herausforderung an. Was andere können, ist nicht so wichtig.[31]

Wenn Jugendliche sagen: „Ich kann das nicht!“, antwortest du im Sinne des Growth Mindset: „Du kannst es noch nicht! Aber du bekommst das hin.“ Die Wörter „noch nicht“ in der Kombination mit „schon“ können Wunder wirken: „Du kannst das vielleicht noch nicht, aber lass uns doch mal gucken, was du schon alles kannst.“

Auch das hilft beim Verständnis einer Aufgabe. Sobald dein Kind den Stift hinschmeißen und die Aufgabe in die Ecke pfeffern will, seht euch die Aufgabe noch mal gemeinsam an. Frage dein Kind, was es an der Aufgabe schon verstanden hat und was der Grund ist, die Lösung nicht anzugehen.

Bei anstehenden Klassenarbeiten kannst du kurz vorher mit deinem Teenager reaktivieren, was er oder sie noch alles aus dem Unterricht weiß. Plane beispielsweise am Morgen oder am Abend zuvor Zeit ein, um einen „Spickzettel" zu schreiben, um die Angst vor der Arbeit zu mindern. Auf diesen Zettel darf ungestützt, also ohne Hilfsmittel, alles geschrieben werden, von dem man glaubt, dass es für die Arbeit wichtig ist und was man nicht vergessen darf. Das schafft bei vielen die Gewissheit, etwas zu können. Gleichzeitig prägt sich der Inhalt im Schreibprozess nochmals ein. Danach werden die Zettel natürlich zu Hause gelassen.

Trau deinem Teenager etwas zu!

Mein Podcast-Gast Jens Dehn ist mehrfacher Geschäftsmann, der immer sein Bestes gegeben hat. „Wenn du dann scheiterst, brauchst du dich nicht zu schämen. Aber versuchen schadet erst mal nicht", sagt er.

Du darfst deinem Teenager auch etwas zutrauen, von dem du erst mal nicht glaubst, dass er oder sie es zu hundert Prozent schafft. Aber nur daran kann dein Kind wachsen. Ich habe von Eltern jugendlicher Schuler gehört, die einen Praktikumsplatz nicht erlauben, weil er oder sie dann in die nächstgrößere Stadt mit der S-Bahn fahren muss. Das würde er oder sie nicht schaffen. Doch, das schaffen sie – wenn du es ihnen zutraust und vorher den Weg genau besprichst.

Jens Dehn, Metzger, Taxiunternehmer, Autohändler
„Ich lasse meine Kinder auch einfach mal machen. Ich vertraue ihnen Aufgaben an, die sie vielleicht noch nicht können. Dieses Vielleicht genügt mir, um sie zu schützen und hinter ihnen zu stehen. Ich kann später korrigieren und eingreifen. Aber das ist doch egal, Fehler machen wir alle."

Du hast als Elternteil also einen großen Einfluss darauf, ob deine Tochter oder dein Sohn mit einem Fixed Mindset oder mit einem Growth Mindset aufwächst. Unterstütze sie oder ihn dabei, sich auf neue Herausforderungen einzulassen, nicht aufzugeben und vor allem dabei, zu beginnen und ins Tun zu kommen. Dabei helfen Sätze wie „Better done than perfect“ oder „Fehler sind Beweise, dass du es versucht hast“.

Vielleicht hilft deinem Teenager auch das Führen des Lerntagebuchs von Caroline von St. Ange (siehe Bücherempfehlungen). Auch du selbst kannst ein Growth Mindset vorleben, indem du den Umgang mit deinem Scheitern thematisierst, beispielsweise sich zu ärgern, den Fehler aber einzugestehen, ihn einzuordnen und zu relativieren und dann daraus zu lernen.

EINBLICK: AUS FEHLERN LERNEN

In meinem Klassenzimmer lasse ich eine Growth-Mindset-Wand wachsen. Jede Woche enthülle ich ein Motto, das in diese Richtung zielt, zum Beispiel: „Wer keine Fehler macht, macht auch sonst nicht viel" oder „Einfach machen, könnte ja gut werden".

Als die Klasse sich gemeinsam mit mir um Praktikumsplätze kümmern sollte, brauchten viele der Jugendlichen intensive Unterstützung. Nicht alle nahmen sie an, und so kam es, dass ein Schüler keinen Platz bekam. Am Wochenende vor Praktikumsstart telefonierte ich mit ihm. Eigentlich wollte er in den Beruf des Kfz-Mechatronikers hineinschnuppern, nun hatten meine Kollegin und ich ihm mit viel Glück kurzfristig einen Platz in einem Discounter organisiert, wo er Regale einräumen sollte.

Als ich ihn dort besuchte, fragte ich ihn, welche Schlüsse er nun daraus zog. Seine Antwort war: „Fehler sind Helfer. Ich weiß jetzt, dass ich mich nächstes Mal früher darum kümmern muss und nicht nur eine Bewerbung schreibe." Die Mottos hatten Wirkung gezeigt, wenn auch spät.

Besser loben

Mit Lob hast du als Elternteil einen viel größeren und vor allem positiven Einfluss auf dein Kind, als wenn du es auf seine Fehler aufmerksam machst. Das bedeutet nicht, dass du es nicht darauf hinweisen sollst, sondern die Art und Weise ist entscheidend. Siehst du nur die Fehler oder sagst du vorher auch das, was dir positiv aufgefallen ist?

Wenn dein Jugendlicher zum Beispiel das Zeitmanagement eingehalten oder besonders ordentlich gearbeitet hat, erwähne das zuerst: „Mir ist aufgefallen, wie gut du heute nachgedacht hast und deine Zeiteinteilung einschätzen konntest. Lass uns mal hier in die Aufgabe schauen. Wir kommen deinem Lehrer mal zuvor: Entdeckst du da etwas ..."

Du kannst also besser loben, wenn du nicht auf das Ergebnis des Lernens schaust (Fixed Mindset), sondern auf den Prozess und die Anstrengung (Growth Mindset). Versuche dabei, Adjektive zu vermeiden und Verben herauszustellen. Statt „Du bist so schlau" oder „Du bist super in Mathe" sage: „Ich bin fasziniert, wie du dir Mühe gibst", „Du gibst nicht auf" oder „Ich sehe, dass du dran bleibst."[32]

Weitere Beispiele finden sich auf dem Instagramkanal von Caroline von St. Ange:

Situation	Fixed Mindset	Growth Mindset
Richtig gelöst	• Richtig! • Sehr schlau!	• Gut nachgedacht! • Richtige Lösung gefunden.
Alles richtig	• Wow, du hast alles richtig. • Du bist ja schlau!	• Du hast zu jeder Frage eine richtige Antwort gefunden. • Scheint, als wärst du bereit für das nächste Level, oder?
Viele Fehler	• Oje, das ist ja alles falsch. • Naja, Mathe ist einfach nicht so dein Ding, oder?	• Hier und hier kannst du noch mal nachdenken. • An der Stelle sehe ich, dass wir XY noch mal wiederholen müssen. • Super, dass du dir trotz der schweren Aufgabe so viel Mühe gegeben hast.
Schnell fertig	• Du hast das aber schnell geschafft. • Das kannst du einfach richtig gut.	• Du hast die Lösung sehr schnell gefunden. • Es scheint, als könntest du hier eine neue Herausforderung vertragen.
Zeugnis	• Du bist einfach nicht so intelligent. • Die Physiknote zeigt halt, du bist nicht so die Naturwissenschaftlerin.	• Man sieht, wie viel Mühe du dir im letzten Jahr gegeben hast. • Du hast dich der Herausforderung gestellt, obwohl es dir schwergefallen ist.

Quelle: Instagram-Post von @learnlearning.withcaroline am 19. Oktober 2023

Studien belegen, dass dein Kind die Einstellung zum Lernen verändert, wenn du seine Anstrengung, Ausdauer und Konzentration lobst. Wenn sich das Lob nicht nur auf das Ergebnis richtet, strengen sich Jugendliche weiter an und entwickeln bessere Strategien.[33] Das Growth Mindset kann zusammen mit dem Berufsziel eine Antwort auf die Frage deines Jugendlichen sein, warum er oder sie in die Schule muss.

Um ihn nun noch bei den Fragen „Wer bin ich?“ und „Was kann ich?“ zu unterstützen, braucht es zusätzlich zu einem Growth Mindset den Fokus auf die Stärken deiner Tochter oder deines Sohnes.

Zeige deinem Kind seine Stärken

In der Schule schauen Lehrkräfte oft in fragende Gesichter, wenn es darum geht, dass die Jugendlichen ihre Stärken benennen sollen. Hilf deinem Kind, seine Stärken in den Punkten Kreativität, Problemlösefähigkeit, Teamskills, Empathie, Selbstorganisation usw. herauszufinden. Dabei hilft dir das Growth Mindset.

Es wächst immer das, worauf du den Fokus lenkst. Bist du also im Fixed Mindset unterwegs und siehst nur die Fehler, werden diese eher mehr als weniger werden. Bestärkst du aber beispielsweise den Lernprozess und die sozialen Stärken deines Teenagers, indem du sie wahrnimmst und richtig lobst, werden diese immer besser. Gleichzeitig kannst du deinem Jugendlichen beibringen, dass jeder Mensch Schwächen hat und diese wiederum mit anderen Stärken ausgleichen kann.[34] Eine großartige Stärkenliste findest du in den Büchern von Lerncoach Caroline von St. Ange.

Je mehr du also deinen Fokus auf die kleinen, positiven Dinge lenkst, desto mehr Stärken wirst du sehen. Schreibe dir täglich ein bis drei Dinge auf, die dir auffallen, und melde sie am Ende des Tages deinem Teenager zurück. Beobachte nicht nur das Grinsen – ich wette, dass du nach einiger Zeit auch eine andere Körperhaltung wahrnehmen kannst.

TIPPS FÜR ELTERN

- Lass deinen Jugendlichen lustvoll Fehler machen.
- Fehler sind Helfer, wenn du deinem Jugendlichen dabei hilfst, sie zu analysieren und daraus zu lernen.
- Ein Growth Mindset bringt dich und deinen Teenager weiter als ein Fixed Mindset.
- Lobe lieber Verben statt Adjektive.
- Betrachte nicht das Endergebnis, sondern den Prozess dorthin.
- Hilf dabei, Stärken zu stärken.
- Dein Fokus bestimmt das Wachstum der Dinge, auf die du schaust.

Medien clever nutzen

Die Beziehung zu Medien ist bei Erwachsenen und Jugendlichen unterschiedlich. Für die einen ist es sinnlose Daddelei, für die anderen lebensnotwendig, um Schritt zu halten.

Handynutzung begleiten

Laut Lehrer Bob Blume sind Handys für Jugendliche der Zugang zu ihrer Kultur.[35] Dafür sollten sie auch eingesetzt werden. Daher ist es wichtig, dass Eltern ein grundlegendes Interesse daran haben, zu verstehen, wie und warum Jugendliche Handys und vor allem soziale Medien nutzen.

Jugendliche könnten kreativ mit dem Handy umgehen und als Produzentinnen und Produzenten tätig werden. Allerdings konsumieren sie soziale Medien oft nur und besitzen die Kompetenz für die Erstellung von eigenem Content nicht oder nur teilweise. Andere Projekte wären die Produktion von Podcasts, Hörspielen, Kurzfilmen, Fotomontagen oder Stop-Motion-Filmen. Wenn du deinen Jugendlichen zu dieser Art der Nutzung anleiten möchtest, frage an der Schule nach solchen Projekten oder wende dich an die regionalen Medienzentren. Diese haben nicht nur das nötige Equipment, sondern bieten in Ferien oftmals Projekte an.

EINBLICK: HANDYVERBOT AN DER SCHULE

An Anika Osthoffs Schule gilt ein Handyverbot innerhalb des Schulgebäudes. Auf dem Schulgelände und damit auch in der Pause sind sie jedoch erlaubt. „Regeln, die man einführt, muss man auch kontrollieren können. Es ist unrealistisch, den Schülerinnen und Schülern während der Pausenaufsicht hinterherzulaufen, um sie zu kontrollieren. Der Mittelweg zwischen einem Verbot im Gebäude und der Möglichkeit, in der Pause eine WhatsApp verschicken zu dürfen, funktioniert eigentlich ganz gut", so die Lehrerin.

An unserer Schule hingegen gilt ein striktes Handyverbot auf dem gesamten Gelände. Ausnahmeregelungen sind vorher mit der entsprechenden Lehrkraft abzustimmen. Beispielsweise ist es möglich, das Handy im Vibrationsmodus zu lassen, wenn Schülerinnen oder Schüler einen dringenden Rückruf von Eltern im Krankenhaus oder einem Betrieb erwarten oder Bewerbungsgespräche führen müssen.

Mein eigenes Handy nutze ich als Arbeitswerkzeug, falls das WLAN ausfällt, um einen Hotspot zu erstellen, sodass Schülerinnen und Schüler ohne Datenvolumen wieder den Schulmessenger nutzen können oder damit Medienbeauftragte während des Unterrichts erreichbar sind, um technische Notfälle zu klären.

Handys und deren Verbot sind einer der größten Diskussionspunkte in Familien. Wenn wir Jugendliche in ihrer Medienkompetenz nicht begleiten und stattdessen nur verbieten, macht das Verbot alles nur interessanter. Die Gymnasiallehrerin Anika Osthoff und die Expertin für digitale Sicherheit bei Kindern Leonie Lutz machen in ihrem Bestseller „Begleiten statt verbieten“ (siehe Bücherempfehlungen) deutlich, dass es die Aufgabe der Eltern und Lehrkräfte ist, Kinder vor den Risiken mit Medien zu bewahren und sie gleichzeitig anzuleiten, welchen Nutzen sie haben.

„Es gibt auch Bereiche, in denen Digitalität stören kann“, sagt Anika Osthoff in meinem Podcast, und unterbindet deshalb die Nutzung von Handys auf Klassenfahrten. Die Zeit mit der Klasse sollen die Schülerinnen und Schüler bewusst als Gemeinschaftserlebnis wahrnehmen. Auch für euch als Familie kann es Absprachen geben, in denen ihr die Zeit bewusst ohne digitale Endgeräte nutzt und wahrnehmt. Die Wertschätzung für euch als Familie wird danach eine andere sein.

Achte nicht nur darauf, wie lange dein Teenager Medien nutzt, sondern auch, welche Apps er installiert. Über Familienaccounts oder entsprechende Einstellungen hast du nicht nur den Überblick, sondern kannst auch dafür sorgen, dass dein Jugendlicher nicht ungefragt Apps installiert.

Mit neuen Entwicklungen Schritt halten

Die Herausforderung für dich als Elternteil ist es, Schritt halten zu müssen. Es bringt nichts zu sagen: „Das interessiert mich nicht.“ Wenn du die Mechanismen von Snapchat & Co. und vor allem deinen Jugendlichen verstehen willst, solltest du dir auch einen Account anlegen.

Eine gemeinsame Beziehung über digitale Medien aufzubauen, bedeutet aber auch, Interesse an Apps und Spielen zu haben. Wenn du ehrlich neugierig bist, wirst du überrascht sein, auf wie viel Offenheit du bei deinem Teenager stößt. Der Beziehungspädagoge Dirk Fiebelkorn empfiehlt, Online-Games zusammen mit den Kindern zu spielen. Zumindest anfangs ist das sinnvoll, um die Spielabläufe und mögliche Gefahren einschätzen zu können. Wenn du diese selbst erlebt hast, hast du stärkere Argumente, um Spielzeiten oder ganze Games zu limitieren. Vielleicht spielt ihr auch weiter gemeinsam und battelt euch durch die Level.

In jedem Fall hast du ein besseres Verständnis dafür, wenn Jugendliche erbost reagieren, weil sie genau nach einer Stunde abbrechen sollen, obwohl noch eine „wichtige Mission“ zu erfüllen ist, um mit den anderen Mitspielern mithalten zu können. Deshalb empfehlen Anika Osthoff und Dirk Fiebelkorn, Sätze wie „In fünf Minuten ist die Konsole aus!“ zu ersetzen mit „Wenn die Mission erfüllt ist, machst du bitte die Konsole aus.“[36]

Was ist eigentlich Medienkompetenz?

Für Lehrerin und Medienexpertin Anika Osthoff gehört zu einer echten Medienkompetenz mehr als die Bedienung und Anwendung der Geräte oder das Anlegen von sicheren Passwörtern. „Bei vielen geht es mit der Wischkompetenz los, aber damit hört es leider auch oft auf", sagt sie in meinem Podcast.

Zur Medienkompetenz gehört auch der zweckmäßige Umgang mit Textverarbeitungsprogrammen wie Word. „Die Schüler und Schülerinnen wissen oft gar nicht um die Fähigkeiten, die dieses Programm hat. Um Fußnoten, Seitenzahlen und Deckblätter zu erstellen, bieten wir vor den Facharbeiten am Gymnasium daher einen extra Workshop an", erklärt Anika Osthoff.

Die Kompetenz „Produzieren und Präsentieren" meint den kreativen Umgang von Medien. Das kann ein Stop-Motion-Film sein oder die Erstellung eines eigenen Reels. Oftmals konsumieren Jugendliche nur auf Instagram und TikTok, wissen aber nicht, wie viel Zeit und welcher Aufwand hinter den Kurzvideos steckt, was zum Beispiel Ton oder Beleuchtung betrifft oder den Zeitaufwand, wie oft ein Take wiederholt werden muss, bis er perfekt ist.

Eine weitere Kompetenz ist „Kommunikation und Kooperation". Sie beschreibt, dass man Medien auch nutzen kann, um gemeinsam an etwas zu arbeiten, ohne sich in der Realität treffen zu müssen. Das ist nicht nur mit einem Schul-Messenger möglich, sondern auch mit kollaborativ erstellten Dokumenten wie Gruppenpräsentationen.

Auch bei der Kompetenz „Recherche" stoßen vielen Jugendliche an ihre Grenzen. Sie können zwar Begriffe auf Youtube oder in der Suchmaschine eingeben, aber wie eine sinnvolle Suche aussieht und wie man die Ergebnisse bewertet, lernen sie in der Schule. Das Überprüfen von Fake News, Verschwörungstheorien und seriösen Quellen wird mit der Kompetenz „Analysieren und Reflektieren“ zum Thema, um beispielsweise Spam-Mails zu entlarven und Gefahren von enthaltenen Dokumenten und Links zu besprechen. Wenn du mit deinem Teenager sehen willst, wie fit eure Spürnasen bei Fake News sind, spielt zusammen den swrfakefinder.de.

Die Kompetenz „Problemlösen und Handeln“ wird oft als Programmierkompetenz gesehen, die spielerisch mit code.org und ähnlichen Links unter den Empfehlungen im Anhang erlernt werden kann. Es geht aber auch darum zu überlegen, ob man vielleicht im Internet Lösungen für ein Problem findet. Dabei können Tutorials oder andere Hilfsangebote zielführend sein.[37]

Die große Frage, die immer wieder gestellt wird, ist die der Zuständigkeit. Wer soll diese Kompetenzen denn nun vermitteln? Du als Elternteil oder die Lehrkräfte? Die Antwort lautet: im besten Fall beide. Probleme entstehen in der Kombination aus den privaten Endgeräten, für deren Einrichtung und Anschaffung die Erziehungsberechtigten verantwortlich sind, und den schulischen Endgeräten, für deren Einrichtung eine administrative Lehrperson zuständig ist und die über den Schulträger angeschafft werden.

Lehrkräfte können die Lösung der Probleme, die in privaten Klassenchats entstehen, aber nicht komplett auf das Elternhaus abschieben. Sobald es im Klassenchat kracht, explodiert es auch irgendwann im Klassenzimmer. Somit ist die Eskalation schneller in der Schule, als man denkt. Also geht es darum, diese Erfahrungen im Unterricht zu thematisieren und Regeln für den Klassenchat zu erstellen, doch auch du solltest regelmäßig mit deinem Jugendlichen über Inhalte und Verhalten im Klassenchat sprechen.

Anika Osthoff, Lehrerin
„Es geht vielleicht auch mal etwas schief. Das ist ganz normal und gehört dazu. Kinder und Jugendliche müssen dafür Ansprechpartner haben. Die Schule hat da eine ganz große Rolle. Natürlich sollten Eltern das machen. Wir wissen aber alle, dass das nicht in allen Elternhäusern passiert."

Gefahren im Netz

Zur Medienerziehung gehört auch die Aufklärung darüber, welche Fotos gemacht werden dürfen und welche Voraussetzungen erfüllt sein müssen, um diese veröffentlichen zu dürfen. Anika Osthoff setzt hier auf Sensibilisierung von Anfang an. Sie ist überzeugt, dass Jugendlichen zwar bewusst ist, dass keine Video- und Tonaufnahmen aus der Schule veröffentlicht werden dürfen, sie aber oft nicht wissen, warum das so ist. Vielen Jugendlichen ist auch nicht klar, dass ein auf dem eigenen Handy gelöschtes Foto immer noch in Chats kursieren kann.

Wenn wir Kinder so lange auf dem Schulweg begleiten, bis sie ihn sicher allein gehen können, warum sollten wir sie dann mit den Gefahren bezüglich Medien allein lassen? Wenn Kinder schwimmen lernen, stoßen wir sie auch nicht ins eiskalte Wasser und lassen sie allein.[38] Es ist essenziell wichtig, Informationen richtig bewerten zu können und über Gefahren und Risiken im Netz Bescheid zu wissen. Das betrifft nicht nur die Themen Cybermobbing, Cybergrooming und Fake News, sondern auch die generelle Mediennutzung und Gaming.

Leider können wir auch bei der besten Begleitung und Beziehung Kinder und Jugendliche nicht vor allem schützen. Cybergrooming ist beispielsweise eine massive Gefahr. Dabei versuchen Täter unter falschen Identitäten Kontakt zu Kindern und Jugendlichen aufzunehmen. Dabei bauen sie Vertrauen über Chats oder Onlinespiele auf und versuchen anschließend, die Plattform zu wechseln, um an Fotos zu gelangen oder reale Treffen zu initiieren.

Ich bin immer wieder schockiert darüber, dass in jeder Klasse mindestens eine Schülerin oder ein Schüler sitzt, die oder der schon ein solches Erlebnis hatte, zum Glück aber richtig reagiert hat und nicht auf die Forderungen eingegangen ist. Die Polizei thematisiert solche Gefahren und den Umgang damit regelmäßig bei Vorträgen an den Schulen. Polizeioberkommissar Carmelo Gibella bestätigt in meinem Podcast, dass Jugendliche über ihre Accounts auf Social Media und bei Online-Spielen wie Fortnite oder FiFa von Erwachsenen angeschrieben und dazu aufgefordert werden, die Plattform zu wechseln, um Nacktbilder von sich zu verschicken. Andere bekommen ungefragt Nacktbilder von Erwachsenen zugeschickt.

Hier kannst du als Elternteil helfen, indem du zusammen mit deinem Teenager ein neutrales Profil anlegst, woraus niemand schließen kann, wie alt deine Tochter oder dein Sohn ist. Ebenso sollten das Geschlecht, der Klarname und reale Fotos nicht erscheinen. Danach sollte die Freundesliste auf den Accounts und im Gaming betrachtet werden. „Wenn Jugendliche angegroomt werden, ist es wichtig, dass sie mit ihren Eltern ohne Angst vor Bestrafung darüber reden können. Das Dunkelfeld ist deshalb so groß, weil vieles nicht angezeigt wird, weil Jugendliche Angst haben, sie dürfen danach nicht mehr spielen", so Carmelo Gibella.

Fertige in solchen Fällen Screenshots an und bringe den Vorfall anschließend der Polizei zur Anzeige. Melde zusätzlich den User dem Plattformbetreiber und blockiere ihn.

Anika Osthoff, Lehrerin
„Wenn wir immer nur mit Verboten und Strafen arbeiten, erzählen uns die Kinder und Jugendlichen nicht mehr von diesen Erlebnissen. Sie haben dann vielleicht Angst, dass ihnen das Handy eine Woche weggenommen wird. Deshalb sollte man in diesen Fällen Strafen und Verbote auf jeden Fall vermeiden."

Polizeioberkommissar Carmelo Gibella fordert ein gemeinsames Hinschauen von Eltern und Jugendlichen. Die Polizei, Medienzentren, Lehrkräfte und andere externe Partner von Schulen bieten immer wieder Informationsveranstaltungen für Eltern innerhalb und außerhalb von Schulen an, wo du dich über Unterstützungsmöglichkeiten informieren kannst. Diese können auch auf Nachfrage organisiert werden. Informiere dich hier an der Schule deines Jugendlichen nach dem nächsten Elternabend zum Thema Medien!

In den Chats der Jugendlichen kursieren unvermeidlicherweise auch pornografische Inhalte. Diese zu kontrollieren, dürfte fast unmöglich sein, aber wenn du auf dem Handy deines Teenagers Kinderpornografie bemerkst, ist dringend Handlungsbedarf angesagt. Der Besitz derartigen Materials ist eine Straftat, egal ob die Inhalte absichtlich oder unabsichtlich auf das Handy gelangt sind. Nun müssen du und dein Kind sofort und richtig handeln:

- Dein Teenager muss sich im Chat schriftlich von dem Material distanzieren, um seinen Besitzwillen zu widerlegen (z. B.: „Ich wollte das nie sehen! Was soll das?").
- Er oder sie sollte die Gruppe verlassen.
- Das Material darf auf keinen Fall weitergeleitet werden, sollte aber zunächst nicht gelöscht werden.
- Meldet den Vorfall der Polizei und zeigt ihn an.
- Löscht danach das Material (auch aus den gelöschten Dateien) und die Chatgruppe.
- Rege einen Workshop an der Schule zum Umgang mit dem Thema an.

Ein Tipp ist Carmelo noch besonders wichtig: Stellt den Chat des Messengers so ein, dass die Dateien innerhalb des Chats nicht automatisch auf dem Handy in der Mediengalerie gespeichert werden. So sind sie dann nicht vollständig in eurem Besitz und auf dem Speicher des Endgeräts.

Auch das sogenannte Sexting ist ein großes Thema, also das Verschicken von sexuell eindeutigen Bildern, Videos oder Nachrichten. Viele Jugendliche sehen kein Problem darin, erotische Texte zu schreiben oder aufreizende Bilder zu verschicken. Wenn diese allerdings bei der falschen Person oder gar im Klassenchat landen, sind die Auswirkungen fatal. Sei es, dass anzügliche Bilder in die falschen Hände geraten, oder dass die Beziehung zu Ende geht, oft werden solche Bilder dann genutzt, um jemanden zu erpressen oder zu mobben.

Wenn die Bilder weiterhin im Netz sind und nicht gelöscht werden (können), passiert es unter Umständen, dass auch künftige Arbeitgeber darauf stoßen. Geh daher mit deinem Jugendlichen ins Gespräch und kläre ihn oder sie über die Gefahren von Sexting auf.

Schuleigene digitale Endgeräte

Digitale Endgeräte können in der Schule eine echte Bereicherung sein. Sie bereiten auf die zukünftige Arbeitswelt vor, wenn ein medienpädagogisches Konzept dahintersteckt. Anika Osthoffs Schule ist eine Modellschule in Nordrhein-Westfalen, an der alle Schülerinnen und Schüler ein iPad bekommen und einen mehrtägigen Workshop zur richtigen Nutzung belegen. Die Schule arbeitet mit einer Kombination aus digitaler Heftführung und analogen Heften und Schulbüchern.

Auch an unserer Schule gibt es Schüler-iPads, es besitzt allerdings nicht jeder oder jede ein eigenes Endgerät. Bei uns wird mit Klassensätzen als didaktische Methode gearbeitet. Auch die Lehrkräfte besitzen bei uns alle ein eigenes Tablet. Jede Schule hat die Freiheit und auch die Verantwortung, den für sie besten Umgang mit der Digitalisierung und den entsprechenden Geräten zu finden.

Teilweise kamen Schüler auf mich zu, die danach fragten, ob sie nun, wie ich, auch ein privates iPad nutzen dürfen, um ihre digitalen Hefte zu führen. Was wäre ich für ein Vorbild als Medienbeauftragter der Schule, um dieses zu verneinen, mit dem Hinweis, dass die Schule nicht für die Geräte haftet. Auch wenn es sicherlich nicht der Sinn ist, dass die Schülerinnen und Schüler ihr eigenes Endgerät kaufen müssen, diese Schüler taten es freiwillig. Das Schöne war, dass wir nun sehr schnell Hefte und Arbeitsblätter digital austauschen und korrigieren konnten.

Anika Osthoff wurde in der Einführungsphase der Tablets in der Oberstufe schon schräg von den Klassen angeguckt, wenn sie mit kopierten Arbeitsblättern in das Klassenzimmer kam, wo man doch alles bequem per Airdrop verschicken kann. So lernen ihre Jugendlichen das Abspeichern und Ablegen von Daten und das kollaborative Arbeiten. Je nach Jahrgangsstufe kommen in unterschiedlichen Unterrichtsfächern neue Kompetenzen hinzu. So wird stufenweise der Umgang mit Textverarbeitungsprogrammen, die Erstellung von Keynote-Präsentationen oder das Benennen und Abspeichern von Dateien gelernt.

Wenn du also mitbekommst, dass dein Teenager in der Schule mit Tablets arbeiten soll, darfst du dich freuen, denn es bringt ihn weiter. Medienbearbeitungsprogramme und Social Media sind ganz sicher auch später beruflich wichtig. Je früher Jugendliche sicher und (selbst)kritisch damit umgehen, umso besser ist es. Dazu gehört auch die eigene kreative Produktion von Content.

TIPPS FÜR ELTERN

- Medienkompetenz bedeutet mehr, als nur wischen zu können. Um sie zu erlangen, braucht es deine Unterstützung und vor allem dein Interesse.
- Jugendliche brauchen Begleitung, keine Verbote, wenn sie im Internet unterwegs sind.
- Lege Medienzeiten und medienfreie Zeiten fest.
- Beschäftige dich mit den sozialen Netzwerken und Online-Games deines Teenagers.
- Lege gemeinsam mit deiner Tochter oder deinem Sohn ein sicheres Profil an.
- Nutze Elternabende von Experten, um Informationen zu Medien und Plattformen zu sammeln, die dir neu sind.
- Nimm Cybergrooming und Sexting nicht auf die leichte Schulter und kläre deinen Jugendlichen über die Risiken auf.
- Nimm Medien als Helfer und zukünftige Begleiter in der Arbeitswelt wahr.

WAS DU IN DER GESELLSCHAFT VERÄNDERN KANNST

Im Spannungsfeld Eltern – Jugend – Schule – Politik wird es keine schnelle und endgültig zufriedenstellende Lösung für alle geben. Alle Beteiligten müssen immer wieder versuchen, den kleinsten gemeinsamen Nenner zu finden. Doch auch wenn sich vieles nicht sofort verändern lässt, kannst du helfen, Schule im Kleinen so umzugestalten, dass sie besser wird!

Dieses Buch erhebt nicht den Anspruch, alle Probleme lösen zu können, aber es kann ein Anfang für Veränderung sein. Allein dass du dich als Leserin oder Leser mit seinen Inhalten auseinandersetzt, ist Teil der Lösung.

Dieses Buch zeigt auf, dass dein Kind gut durch die Schule kommen kann und einen guten Abschluss machen kann, wenn wir das Selbstbewusstsein und Wert der Jugendlichen stärken. Dazu müssen wir endlich den Leistungsdruck rausnehmen. Ich denke sogar, dass die Arbeit am Selbstwertgefühl und an den Zielen der Jugendlichen die Grundvoraussetzungen sind, damit sie erst einen guten Abschluss bekommen.

Was sollte Schule wirklich können?

Der Bildungswissenschaftler Aladin El-Mafaalani stellt fest, dass ein Abitur vor 70 Jahren gleichbedeutend mit einer guten Karriere war. Das hat sich geändert. Abschlüsse sind zwar immer wichtiger, verlieren aber an Wert, vor allem die einfachen und mittleren Abschlüsse. Stellen wir uns die Bildungslandschaft in Deutschland wie eine Pyramide vor. Früher besuchten die meisten Menschen die Hauptschule und bildeten den Sockel der Pyramide. An der Spitze war das Abitur. Heutzutage ist die Pyramide umgedreht. Den Sockel bilden die „höchsten" Abschlüsse, die kleine Spitze ist die Hauptschule. Das Problem dabei ist, dass Menschen, die in der früheren Pyramide „unten" sind, in der Mehrheit sind. In der umgedrehten Pyramide heutzutage ist man nicht nur gesellschaftlich „unten", sondern auch noch in der Minderheit zurückgelassen und abgehängt.[39] Aladin El-Mafaalani formuliert es so: „Wenn mehr Menschen teilhaben sollen, müssen einige teilen, damit andere einen Teil bekommen."[40]

Gesellschaftlich müssen wir weiterhin die Frage diskutieren, was Schule eigentlich können soll. Soll sie schnell und sicher auf die Arbeitswelt vorbereiten? Soll sie auf das Leben vorbereiten? Wollen wir Eliten produzieren, die möglichst schnell im selben Tempo dasselbe Wissen reproduzieren und inwiefern hilft uns das? Da aber viele Menschen in der Gesellschaft mitreden wollen und alle ihre eigenen Erfahrungen mit der Institution Schule gemacht haben, dürften Antworten und Lösungen nicht einfach sein.

Björn Nölte, Schulrat
„Wir produzieren in Schulen eine Leistung, die wir nicht brauchen. Wir bräuchten Formen, die befähigen, im Team und mit der Fähigkeit, sich selbst einzuschätzen, zu sehen: Was kann ich gut, wozu bin ich geeignet und wie kann ich mich motivieren? Wir benötigen andere Sachen, die sich mit Noten gar nicht abbilden lassen."

Im September 2023 demonstrierten Zigtausende unter dem Motto „Schule muss anders“ für eine bessere Bildung und ein Sondervermögen von 100 Milliarden Euro für Bildung. Es ist wichtig, dass wir hier gesellschaftlich laut werden und bleiben. Hört man genauer in den Protest und den Ruf nach einer Bildungswende hinein, wird klar, dass grundsätzliche Einigkeit besteht zwischen Lehrkraftverbänden, Elternverbänden oder Fördervereinen: So kann es nicht weitergehen. Es muss endlich investiert werden, nicht nur in unsere Kinder, sondern in unsere Zukunft. Der Soziologe Aladin El-Mafaalani kritisiert an der Politik das fehlende Problembewusstsein, vereint mit fehlendem sachlichen Überblick und einem nicht vorhandenen Kompass, der langfristige Ziele in den Blick nimmt,[41] und erklärt: „Diese Gesellschaft wird den Bach runtergehen, Wohlstand und Zusammenhalt verlieren, wenn wir nicht alle Kinder so fördern, dass sie einen guten, respektablen Platz in der Gesellschaft ausfüllen können.“[42]

Was du als Elternteil immer tun kannst, ist nicht nur in den Austausch mit anderen Eltern zu gehen, sondern auch mit den Lehrkräften ins Gespräch zu kommen. Informiere dich über die Standpunkte des Schulträgers. Warum das so wichtig ist? Weil es diesen Austausch braucht, um auf beiden Seiten den Perspektivwechsel zu ermöglichen. Wir dürfen nicht warten, bis die Politik etwas ändert. Wir können aber schon im Kleinen anfangen, etwas zu ändern.

Echte Wertschätzung zeigen

Über allem steht, dass sich das Bildungssystem verändern muss. Das passiert aber nicht, wenn sich nicht gleichzeitig auch die Haltung der Gesellschaft ändert. Lehrkräfte müssen mehr zusammenarbeiten: miteinander, mit externen Profis und mit den Schulträgern. Zentral ist aber auch die Zusammenarbeit mit den Eltern, die sich verändern muss. Gleichzeitig fehlt es aber an der gesellschaftlichen

Wertschätzung von Lehrerinnen und Lehrern. Der Beruf muss wieder attraktiver werden. Ja, Lehrkräfte haben lange Ferien. Aber in denen arbeiten wir tatsächlich. Den Rest benötigen wir zur Erholung, weil wir sonst täglich gefühlt mit zwei Fingern in der Steckdose stecken. Gleichzeitig sollen wir Lehrkräfte metaphorisch auf über 26 Jongliertelller aufpassen, die auf ihren Stöcken ordentlich wackeln. Zu unserer Rolle gehört leider auch, dass wir oft der Prellbock der Nation sind.

Axel Prahl, Schauspieler
„Lehrer werden im Grunde für alles in die Haftung genommen. Es gehören doch aber auch das soziale Umfeld und das Zuhause dazu. Häufig werden Lehrer für das, was zu Hause versäumt wird, mit verantwortlich gemacht. Und das kann ich nicht mehr hören. Lehrer und Lehrerinnen haben nicht mehr den Respekt, der ihnen eigentlich gebühren sollte."

Das bedeutet für dich als Elternteil, dass du es selbst in der Hand hast, wie du mit Lehrkräften und mit Herausforderungen im Schulalltag umgehst. Wenn du ein Problem mit einer Lehrkraft deines jugendlichen Kindes hast, sprich es wertschätzend an. Die Schulamtsdirektorin Florence Brokowski-Shekete stellte in meinem Podcast fest, dass sich Eltern immer häufiger direkt ans Schulamt wenden, manche sogar direkt ans Kultusministerium. Ein unnötiger Weg, denn die Beschwerde geht auf dem Dienstweg zunächst zur Lehrkraft zurück – mit der Bitte, mit dem Elternteil zu sprechen. Das bedeutet für dich: Wenn du eine schnelle Problemlösung möchtest, kläre es auf dem kürzesten Weg direkt und persönlich.

Es lohnt sich, als Eltern eine gute Beziehung zu den Lehrkräften zu pflegen. Lerncoach Caroline von St. Ange beschreibt das in ihrem Buch als Engelsspirale. Sie ist das Gegenteil eines Teufelskreises. Wenn du die Lehrkraft lobst, fühlt sie sich wertgeschätzt und ist dadurch motivierter. Der Ansporn für mehr Leistung ist gegeben, was wiederum zu mehr Lob führt usw.[43]

EINBLICK: LOB AN DIE LEHRKRAFT

„Ein wirklich guter und informativer Elternabend", „Es hat Spaß gemacht zuzuhören, und wenn diese positive Stimmung auch den Jugendlichen im Alltag entgegengebracht wird, dann kann nichts mehr schiefgehen": Wenn sich Eltern bei mir bedanken, wirkt das noch lange nach. Oder wenn ich im Elterngespräch höre: „Meine Tochter fühlt sich endlich wieder wohl, weil Sie sich Zeit nehmen und sie immer zu Ihnen kommen kann." Ich fühle mich auch sehr wertgeschätzt, wenn sich ein Vater nach dem Lockdown für mein Engagement im Fernunterricht bedankt. In dem Moment, in dem ich dieses Buch schreibe, sind diese Sätze schon vor Wochen, teils Monaten gefallen. Trotzdem erinnere ich mich genau an die Situation und den Wortlaut. Sie tragen mich durch die Tage und Wochen, in denen ich mutlos bin und alles hinschmeißen möchte.

Ich bin mir sicher, dass du, genauso wie bei deinem Teenager, immer mindestens eine lobenswerte Sache an den Lehrkräften deines Kindes finden kannst. Vielleicht hilft dir auch der Gedanke, dass die meisten Lehrkräfte vieles backstage tun, was Eltern gar nicht direkt sehen können.

TIPPS FÜR ELTERN

- Arbeite mit Lehrkräften deines Jugendlichen wertschätzend zusammen und pflege die Beziehung zu ihnen.
- Beginne die Engelsspirale mit positivem Feedback und helfe deinem Teenager so indirekt.
- Nutze die Engelsspirale in allen Lebenslagen, für alle Berufe, alle Lebenswege und Schularten.
- Alle Menschen, ob jung oder alt, sind gleich viel wert für unsere Gesellschaft und verdienen deshalb dieselbe Wertschätzung.

Schularten gleichwertig behandeln

Es geht aber auch um die schon angesprochene Wertschätzung aller Berufe und aller Gesellschaftsschichten. Jeder Mensch trägt etwas zu unserem Alltag bei. Ohne Pflegekräfte, Automechaniker, Schreinerinnen, um nur einige Berufe zu nennen, geht es nicht. Wenn wir *allen* Menschen wieder wertschätzender gegenübertreten, wäre schon viel geholfen. Ein Lob, eine Höflichkeit, ein wertschätzendes Feedback kann einen Menschen durch eine oder mehrere Wochen tragen.

Deshalb sind in meinen Augen auch alle Schularten gleich viel wert. In meinen Augen ist die Jugend vielleicht sogar mehr wert als wir Eltern. Denn sie sichert unsere Rente! Wenn wir sie nicht fördern, setzen wir unseren Lebensabend aufs Spiel. Schülerinnen und Schüler sagen oft zu mir: „Wir sind nichts wert, wir können nichts, und die Berufe, die wir lernen können, interessieren niemanden."

Woher kommt diese fehlende Wertschätzung? Wenn wir über das Bildungssystem sprechen, müssen wir immer auch über die Gesellschaft sprechen. Ein Umdenken muss stattfinden. Die Haupt- und Mittelschulen sind keine „Restschulen": Wir brauchen *alle* in der Gesellschaft! Also geben wir ihnen die Chance dazuzugehören!

Die Perspektive wechseln

„Die Jugendlichen heutzutage sind schlimm", „Wir waren früher nicht so!" So ein Quatsch! Diesen Unsinn sagt jede, wirklich jede ältere Generation über die jüngere, das war bereits in der Antike so. Bei all dem Mist und den Fehlern, die die ach so schlimmen Jugendlichen in der Pubertät machen, sage ich immer: „Wir dürfen nie vergessen, dass wir selbst Jugendliche waren! Hätten wir es anders gemacht? Sicher nicht!"

Wir haben doch als Jugendliche genauso die Grenzen ausgetestet. Das ist der Sinn der Pubertät. In diesem Alter sollen und müssen sich Jugendliche von den Erwachsenen abgrenzen, um zu ihrer Persönlichkeit zu finden. Abgrenzung kann nur funktionieren, indem man das Altbekannte und die Erwachsenen infrage stellt und auch mal richtig doof findet, Neues ausprobiert, Grenzen austestet, Regeln kritisch hinterfragt und auf ihre Aktualität und Angemessenheit prüft. Das haben wir alle auch so gemacht!

Wie viele Regeln unserer Eltern haben wir überprüft und über Bord geworfen, weil wir entschieden haben: „Das machen wir anders, weil zu konservativ, längst überholt …"? Einfach, weil wir unseren eigenen Weg finden wollten. Im Alter kommen wir vielleicht selbst auf die Ansichten zurück, gegen die wir uns damals aufgelehnt haben. Die Grenzen, die wir einst in unserer Jugend verschoben haben, werden nun erneut ausgetestet und verschoben.

Natürlich empfinden wir Erwachsenen Jugendliche in der Pubertät oft als anstrengend. Sie sind es, und das darf auch so sein. Trotzdem lohnt sich immer die Beziehungsarbeit. Eine ehemalige Schülerin und ich waren uns nicht immer einig, was das richtige Verhalten angeht. Aber die Musik war unser kleinster gemeinsamer Nenner. Wir Erwachsenen sollten solche kleinen Gemeinsamkeiten öfter suchen. Durch sie können wir auf einer anderen Ebene Zugänge finden.

Übrigens: Erwachsene und Jugendliche müssen nicht immer einer Meinung sein. Jugendliche sollen sich abgrenzen dürfen. Das ist ihre Aufgabe. Wir Erwachsenen haben eine andere Aufgabe. Wir müssen dagegenhalten dürfen, sollten aber auch Verständnis zeigen. Ich versuche meinen Schülerinnen und Schüler im Unterricht beizubringen, Konventionen zu hinterfragen und sich ihre Denkweise und ihren kritischen Sinn zu behalten, weil ich das wichtig finde.

Peter Maffay beschreibt dieses Gefühl sehr gut in seinem Rockmärchen „Tabaluga“. Der kleine Drache Tabaluga macht sich auf die Reise, um die Vernunft zu finden. Er trifft auf eine alte Schildkröte, die ihm sagt, dass das Vernünftigste, was er tun kann, ist, sich seine Kindlichkeit zu bewahren. Kein anderer Songtext berührt mich jedes Mal aufs Neue so sehr wie dieser:

> „Ich wollte nie erwachsen sein
> Hab immer mich zur Wehr gesetzt
> Von außen wurd' ich hart wie Stein
> Und doch hat man mich oft verletzt
> Irgendwo tief in mir bin ich ein Kind geblieben
> Erst dann, wenn ich's nicht mehr spüren kann
> Weiß ich, es ist für mich zu spät“[44]

Für mich bedeutet das, dass Erwachsene sich ihre Kindheit und Jugend in Herz und Kopf behalten sollten. Wenn wir den Perspektivwechsel nicht mehr schaffen, die Jugendlichen nicht mehr sehen und verstehen können, dann ist es wirklich zu spät – für uns alle.

Kinder und Jugendliche sind ein gleichberechtigter Teil der Gesellschaft, daher sollten wir besser mit ihnen umgehen. Dazu gehört, sie und ihre Bedürfnisse verstehen zu wollen. Die Wertschätzung für die Jugend ist also ein wichtiger Punkt. Die einfachste Möglichkeit kennst du bereits: loben. Sammle tägliche positive Dinge, die dir an deinem Teenager auffallen und richte den Blick weniger auf negative Dinge.

Wenn ich mit Jugendlichen Ausflüge oder Klassenfahrten mache, nehme ich dasselbe Gefühl von Freiheit wahr, das ich damals als Schüler hatte. Gleichzeitig fällt mir auf, wie sich die meisten Jugendlichen außerhalb der Schule verhalten. Da wird für ältere Menschen aufgestanden, es werden verlorene Geldbörsen aufgehoben und hinterhergetragen, Türen aufgehalten und dem Busfahrer Snacks angeboten.

Bob Blume, Lehrer
„Wer ‚die heutige Jugend' als Generation verurteilt und verlacht, dem seien zwei Hilfen ans Herz gelegt. Zum einen die Erinnerung an all jene Erfahrungen, von denen man heute glücklich sein kann, dass sie niemand auf Video aufgenommen hat. Zum zweiten, dass die Pubertät das Gehirn zeitweise in ungünstige Regionen katapultiert und sich das über die vergangenen hundert Jahre nicht geändert hat."[45]

TIPPS FÜR ELTERN

- Wechsle die Perspektive und frage dich, wie du als Jugendlicher warst.
- Mach dir bewusst: Jugendliche sind nicht schlimmer, sie testen nur die Grenzen aus.
- Suche Gemeinsamkeiten mit deinem Teenager.

Den Dialog mit der Politik suchen

Damit sich etwas ändert, ist die Politik gefragt. Politiker sind nahbarer, als du vielleicht denkst. Politiker versuchen, den größtmöglichen Konsens zu finden. Im Kultusministerium gilt es, Wünsche von Schülern, Eltern, Verbänden, Lehrkräften, Schularten, Schulleitungen, Schulämtern und der eigenen Partei zu vereinen, daher ist das nicht einfach. Wenn wir jedoch bei der Haltung „Was soll ich schon ausrichten?" bleiben, wird sich nichts ändern. Geh deshalb zum Schulträger ins Rathaus, zu den nächsten Landtagsabgeordneten, und sprich mit den Leuten. Es hilft beiden Seiten, Prozesse zu verstehen.

Statt zu meckern, geh ins Gespräch. Klar, die politischen Mühlen mahlen langsam. Dennoch sind solche Gespräche mehr als nur Tropfen auf dem heißen Stein. Ich kann sehr hartnäckig sein und weiß: Netzwerke sind immens wichtig. In meiner Studienzeit beispielsweise konnte ich gemeinsam mit einer Mitstudentin den Lehrstuhl der katholischen Religionslehre vor der Abschaffung bewahren. Unsere Waffen: Gespräche mit der Politik und Öffentlichkeitsarbeit.

Jetzt setze ich mich für das Image und den Erhalt der Haupt-/Werkrealschule in Baden-Württemberg ein. Ich bin sehr dankbar für viele wichtige Gespräche, die ich im Rahmen meines bildungspolitischen Engagements teils allein, teils mit dem Zusammenschluss der Werkrealschulen in meinem Landkreis führen durfte. So konnte ich nicht nur in meinem Podcast mit zwei Kultusministerinnen sprechen, wir haben es auch geschafft, die derzeitige baden-württembergische Kultusministerin Theresa Schopper an die Schule einzuladen und mit ihr und anderen Vertretern aus dem Kultusministerium zu sprechen. Auf kommunaler Ebene waren da unzählige Gespräche mit der Stadt, dem Schulträger, mit Bürgermeister und Bürgeramt und ein Treffen mit einem Mitglied des Stadtrats. Es gab den persönlichen, schriftlichen und telefonischen Austausch mit Landtagsabgeordneten verschiedener Parteien. Zusätzlich habe ich die Möglichkeit genutzt, um mit Abgeordneten des Bundestags zu sprechen, und in meinem Podcast mit der Bundestagspräsidentin Bärbel Bas über die Bildungsungerechtigkeit gesprochen.

Das alles geht einfacher, als du denkst: Über die entsprechenden Internetseiten ist es für dich als Elternteil ein Leichtes, einen direkten Draht aufzubauen. Auch wenn vielleicht nicht immer eine Antwort kommt, wird alles gelesen. Hier hilft es, wertschätzende Formulierungen zu finden und nicht sofort auf Konfrontation zu gehen. Es ist eine Frage des Tons, wie man Kritik äußert. So kann wertvoller, politischer Austausch gelingen, auch wenn man nicht immer einer Meinung ist. Das ist meine Auffassung von Politik in einer Demokratie: miteinander reden, diskutieren und angehört werden und einander wertschätzen.

Mit einer aufwendigen PR-Kampagne hat es der Schauspieler Hendrik Duryn zusammen mit dem sächsischen Kultusministerium 2019 geschafft, im Vergleich zum Vorjahr die Zahl der Referendare und

Referendarinnen um mehr als die Hälfte zu steigern, weil die Rahmenbedingungen für den Beruf attraktiver gestaltet wurden.

Politik reagiert auf die Stimmung in der Gesellschaft. Solange die Mehrheit der Wählerinnen und Wähler der Meinung ist, dass das Gymnasium von vornherein die beste Schule ist, andere Abschlüsse weniger wert sind, jeder und jede studieren muss und Lehrkräfte faule Säcke sind, wird sich nicht viel ändern. Provokante These: Wir als Gesellschaft sind schuld, dass sich die Bildungssituation nicht ändert, weil wir dafür nicht laut genug auf die Straße gehen! Ohne Lobby für Bildung und Jugendliche geht es nicht.

Offensichtlich verfehlt die Politik hier das, was wirklich gebraucht wird. Es bleibt uns Erwachsenen keine andere Wahl, als hartnäckig, vehement, aber wertschätzend ins Gespräch zu gehen und Diskussionsmöglichkeiten zu schaffen oder zu suchen.

Werde selbst aktiv

Du kannst als Mutter oder Vater deinen Jugendlichen dazu ermutigen, selbst politisch aktiv zu werden. Die Bewegung „Fridays for Future“ hat gezeigt, dass Jugendliche eine Stimme und politisches Interesse haben. Wenn Politiker ihnen dann den Realitätssinn absprechen und sie auffordern, die Arbeit Profis zu überlassen, ist das beschämend ärgerlich und unprofessionell.[46]

Es gibt unzählige Möglichkeiten für Jugendliche, sich politisch zu engagieren. Eine davon ist die Schülermitverantwortung (SMV) in der Schule. Die Schülerinnen und Schüler können hier das Schulleben und deren Gestaltung aktiv mitgestalten und haben die Möglichkeit, sich demokratisch in die Schulkonferenz wählen zu lassen.

Dabei geht es nicht nur um pädagogische Tage, sondern auch um Projekte, Schulfeste, Aktionen oder die Schulhofgestaltung. Die Schulkonferenz hat beispielsweise das Entscheidungsrecht über Schulpartnerschaften, über den Unterrichtsbeginn, über Angelegenheiten der SMV oder über Anforderungen der Haushaltsmittel. Sie hat aber auch das Zustimmungsrecht. Das bedeutet, sie muss gewissen Beschlüssen aus der Gesamtlehrerkonferenz zustimmen, aber auch Änderungen der Schulordnung bewilligen.

Gleichzeitig haben die Mitglieder der Schulkonferenz auch ein Anhörungsrecht, beispielsweise bei der Verwendung von Hausmitteln, Baumaßnahmen, bei der Besetzung der Schulleitung oder dem Schulausschluss eines Schülers oder einer Schülerin. Im Rahmen der SMV sprachen unsere Schülerinnen und Schüler bereits mit dem Bürgermeister und brachten Anliegen vor.

Außerhalb der Schule können sich Jugendliche innerhalb der Kommune engagieren. Jugendgemeinderäte oder Kinder- und Jugendparlamente haben die Möglichkeit, Verbesserungen, Ideen und Wünsche in die Kommunalpolitik einzubringen. Doch auch ohne Mitgliedschaft kann deine Tochter oder dein Sohn in der Kommune aktiv werden. Als Moderator habe ich schon viele jugendpolitische Veranstaltungen moderiert, in denen Kommunalpolitiker mit Jugendlichen diskutiert haben. Dabei ging es zum Beispiel um den Erhalt von Jugendhäusern, um den Preis von Busfahrkarten, um einen Platz für Skater, legale Graffitis und die politische Auswirkung von Social Media.

TIPPS FÜR ELTERN

- Suche das wertschätzende Gespräch mit Politikern auf allen Ebenen.
- Nutze öffentliche bildungspolitische Diskussionen.
- Bleibe hartnäckig und werde nicht müde, deinen Standpunkt zu vertreten.
- Ermutige deinen Teenager, sich gesellschaftlich und politisch einzubringen.

SCHLUSSWORT

Jeder Mensch hat einen guten Grund, so zu sein, wie er ist, und seinen Weg so zu gehen. Unsere Gesellschaft kann nur gut funktionieren, wenn wir allen Menschen denselben Wert zumessen.

Dazu gehört auch, zu akzeptieren, dass Jugendliche Dinge anders machen als wir. Die Grenzen, die du einst in deiner Jugend ausgetestet hast, werden sie erneut austesten und verschieben. Gib deinem Jugendlichen das Gefühl, von dir gänzlich gesehen und verstanden zu werden. Das bedeutet nicht, dass du einverstanden sein musst.

Deine Rolle als Elternteil ist es, Wegbegleiter zu sein. Du bist Türöffner, Vertrauensperson, Motivator, Bombenentschärfer und Organisator. Nimm deinem Kind nicht Entscheidungen und wichtige Aufgaben ab, aber unterstütze und begleite es. Lass dich auf neue Konzepte in der Schule und bei der Berufswahl ein und bleibe als Expertin oder Experte für deinen Teenager mit den Lehrkräften in gutem Kontakt, um deinen Anliegen und deinem Kind gerecht zu werden.

Das Bildungssystem ändert sich nicht von allein. Wenn sich viele Menschen in Bewegung setzen, um die Bedingungen zu ändern, kann Veränderung gelingen. Gegenseitige Wertschätzung und Geduld werden uns diesem Ziel näherbringen.

Einfach machen,
könnte ja gut werden!

Dein
Matthias

EMPFEHLUNGEN UND LINKS

Bücher

Leonie Lutz, Anika Osthoff: Begleiten statt verbieten. Als Familie kompetent und sicher in die digitale Welt, Kösel 2022

Caroline von St. Ange: Alles ist schwer, bevor es leicht ist. Wie Lernen gelingt, Rowohlt Taschenbuch 2023

Caroline von St. Ange: Mein Lerntagebuch, Rowohlt Taschenbuch 2023

Silke Müller: Wir verlieren unsere Kinder! Gewalt, Missbrauch, Rassismus – Der verstörende Alltag im Klassen-Chat, Droemer 2023

Dirk Fiebelkorn: Mit meinem Sohn durch die Kita-Zeit. Wie du ihn verständnisvoll begleitest und liebevoll unterstützt. Der beziehungsorientierte Elternratgeber, humboldt 2023

Saskia Niechzial: Hallo Schulanfang! Den Übergang vom Kindergarten in die Schule beziehungsorientiert begleiten, Beltz 2023

Aladin El-Mafaalani: Mythos Bildung. Die ungerechte Gesellschaft, ihr Bildungssystem und seine Zukunft, Kiwi 2021

Bob Blume: 10 Dinge, die ich an der Schule hasse und wie wir sie ändern können, Mosaik 2022

Lisa Graf: Abgehängt. Von Schule, Klassen und anderen Ungerechtigkeiten. Weckruf einer Lehrerin, Heyne 2022

Björn Nölte, Philippe Wampfer: Eine Schule ohne Noten. Neue Wege zum Umgang mit Lernen und Leistung, hep 2021

Hasnain Mahmood. Es ist deine Entscheidung! Du bist die Zukunft! www.richtigeentscheidung.eu (E-Book)

Podcasts

- Schule Backstage! (Matthias Zeitler)
- Ich eskalier' gleich (Raphael Kirsch)
- Praktisch Pädagogisch (Dirk Fiebelkorn, Jens Eichert)
- Netzlehrer (Bob Blume)
- Die Schule brennt (Bob Blume)
- Locker Lehrer (Lydia Clahes)
- Herzschlag Schule (Saskia Niechzial)
- Schoolcrime (Stadtmedienzentrum Stuttgart)

Webseiten

Zu den Pädagogen und Pädagoginnen:
- www.matthiaszeitler.de
- www.dirkfiebelkorn.com
- www.anikaosthoff.de
- www.raphaelkirsch.com
- www.learnlearningwithcaroline.com
- www.bobblume.de
- www.protactics-stahl.de

Hilfe bei psychischen Problemen:
- www.ich-bin-alles.de
- www.nummergegenkummer.de
- www.hilfe-bei-mobbing.ch

Sucht, Alkohol, Essstörungen, Selbstverletzung:
- www.kenn-dein-limit.de
- www.kmdd.de
- www.bzga-essstoerungen.de
- www.irrsinnig-menschlich.de

Hilfe bei der Berufswahl:

- www.arbeitsagentur.de
- www.arbeitsagentur.de/berufetv
- www.planet-beruf.de
- www.azubitv.de
- www.meister-power.de
- www.ausbildungspark.com
- www.richtigeentscheidung.eu

Lernen mit:

- www.bettermarks.com
- www.ankiweb.net
- www.quizlet.com
- www.kahoot.it
- www.learnlearningwithcaroline.com
- www.swrfakefinder.de
- www.zahlenzorro.de
- www.learningapps.org
- www.code.org
- www.blockly.games
- www.scratch.mit.edu
- www.frei-day.org

Sicher im Internet:

- www.kinderschutzbund.de
- www.juuuport.de
- www.fsm.de
- www.internet-abc.de
- www.klicksafe.de

Apps

Spielerisch lernen mit:
- Anton
- Einmaleins trainieren
- Uhrzeiten trainieren
- Plus und minus trainieren
- LÜK
- DieMaus
- Malkino
- PuppetPals HD
- Stop Motion
- Kahoot!

Hilfe bei der Berufswahl:
- job4u (virtuelle Messe)
- Berufe Entdecker

Sicher im Internet:
- Cyber-Mobbing Erste-Hilfe

Instagramkanäle

Zu den Pädagogen und Pädagoginnen:
@matthiaszeitler
@dirk_fiebelkorn
@raphael_kirsch_training
@netzlehrer
@herrschroeder_korrekturensohn
@_anna.froehlich_
@learnlearning.withcaroline
@michaelstahl.protactics
@anika.osthoff
@hauptfach_mensch
@liniert.kariert
@lehrercoach
@doodleteacher
@noelte030

Zu den Institutionen:
@ich.bin.alles
@kinderdigitalbegleiten

DANKSAGUNG

Zuallererst möchte ich mich richtig fett bei meiner zauberhaften Frau und meinen beiden wundervollen Töchtern bedanken, die mich während des Entstehungsprozesses dieses Buches aushalten mussten. Gleiches gilt auch für alle meine Freunde. Danke, dass es euch gibt!

Ein dickes Dankeschön gilt auch all meinen Podcast-Gästen, die sich nicht nur geöffnet, sondern auch ihre Meinung mit mir geteilt und diskutiert haben. Ohne euch wäre dieses Buch nie entstanden. Dabei darf ich auch nicht die vielen Beiträge aus dem Instagram-Lehrerzimmer vergessen. Sie bereichern meine Podcast-Folgen und dieses Buch. Ein Dank geht auch an meine Schulleitung aus dem realen Leben, die mir Rückendeckung gibt, mich bei meinen Projekten unterstützt und viel ermöglicht.

Danke an meine Kollegen und Freunde Tobias und Dominik. Danke, Tobi, für jede Minute, in der wir freundschaftlich und (sonder)-pädagogisch zusammenarbeiten, sogar in diesem Buch. Danke, Dominik, dass du mich körperlich fit für meine Projekte machst.

Ein besonders dicker Dank geht an alle Schülerinnen und Schülern mit deren Eltern, die mir tagtäglich ihr Vertrauen schenken und sich mir öffnen. Eure Namen sind hier nicht genannt oder verfälscht. Für euch und wegen euch habe ich dieses Buch eigentlich geschrieben.

Im Speziellen möchte ich auch Bob Blume danken. Er hat mich seit Beginn meiner öffentlichen Tätigkeiten als Lehrer mit guten Ratschlägen und viel Mutmacher-Spirit unterstützt, meinen Podcast zu starten und schließlich auch das Buch zu schreiben.

Anika Osthoff, herzlichen Dank dir für deine Freundschaft und den Tipp, mich an den großartigen Jens Puppe als Agenten zu wenden.

Lieber Jens, danke für dein Engagement. Seit der ersten Sekunde unseres Telefonats warst du überzeugt von dem Buchprojekt, du hast es sofort verstanden und alles daran gesetzt, einen Verlag zu finden.

Vielen Dank für die großartige Wertschätzung an Katja Koschate und Mark Wachsmann im humboldt Verlag. Ihr habt es verstanden, mich gut in die Arbeit und Denkweise eines Autors einzuarbeiten.

Großer Dank geht an meine Lektorin Linda Strehl. Ich habe großen Respekt vor deiner Arbeit. Du hast dem Buch den richtigen Schliff gegeben und die inhaltliche Strahlkraft aufpoliert.

Vielen Dank fürs kritische Gegenlesen einiger Passagen an: Anika Osthoff, Dirk Fiebelkorn, Tobias Geldner, Carmelo Gibella und Jennifer Krümpelmann.

Ein besonderer Dank geht an Saskia Niechzial. Ich fühle mich geehrt, dass du direkt am Telefon zum Vorwort dieses Buches zugesagt hast. Danke für die großartigen Worte.

Ich würde mich gern bei einigen ehemaligen Lehrkräften von mir bedanken, die meine Lehrerpersönlichkeit erheblich beeinflusst haben. Da leider einige davon schon verstorben sind, bedanke ich mich stellvertretend bei Dr. Annegret Langenhorst und Prof. Dr. Georg Langenhorst. Ihr habt wahrscheinlich den größten Anteil meines Mindsets als Lehrer und habt mit dem „Langenhorstschen Bildungsweg“ nicht nur meine Fachrichtung beeinflusst.

Außerdem geht ein Dank die Intro-Stimme meines Podcasts „Schule Backstage!“, Christoph Weidmann. Für mich bist du nicht nur die Stimme, sondern seit fast zwei Jahrzehnten auch ein wichtiger Mentor und Freund.

Stanzi, Uwe und Basti gehören mit bereits schon erwähnten Personen zu meinen engsten Freunden. Euch möchte ich hiermit einmal öffentlich für die teils jahrzehntelange Freundschaft und damit verbundenen Glücksmomente danken.

Natürlich darf ich dieses Buch nicht beenden, ohne mich bei den beiden Wegbegleitern zu danken, mit denen ich mich in den letzten Monaten und Jahren wohl am häufigsten beruflich ausgetauscht habe. Danke, Dirk Fiebelkorn und Raphael Kirsch, für unsere regen Diskussionen in unserer WhatsApp-Gruppe, für alle Ratschläge und Taten. Durch euch und eure Gespräche hat dieses Buch einiges an Farbe bekommen.

Schließlich bedanke ich mich auch bei dir als Leserin oder Leser dieses Buches. Ich hoffe, ich konnte dich mit dem Buch inspirieren, dir weiterhelfen, ein paar Impulse mitgeben und bin hoffentlich gut mit deiner Lesezeit umgegangen. Wenn du dieses Buch gut findest, empfiehl es Leuten, die du magst. Wenn du enttäuscht bist, denen, die du nicht leiden kannst. Danke!

QUELLEN

1 Aladin El-Mafaalani, Aladin: Mythos Bildung. Die ungerechte Gesellschaft, ihr Bildungssystem und seine Zukunft, Kiwi 2021, S. 211.

2 WDR Quarks, https://www.quarks.de/gesellschaft/bildung/darum-sollte-die-schule-spaeter-beginnen/ (abgerufen am 8.1.2024).

3 Anna Fröhlich, Instagram-Post @_anna.froehlich_ vom 19.11.2023.

4 SWR: Schulnoten oder andere Kompetenzen? Worauf Arbeitgeber in BW achten, https://www.swr.de/swraktuell/baden-wuerttemberg/achten-arbeitgeber-auf-noten-schulzeugnis-wichtig-eine-rolle-100.html (abgerufen am 8.1.2024).

5 Aladin El-Mafaalani, a.a.O., S. 108.

6 Aladin El-Mafaalani, a.a.O., S. 172.

7 Wübben Bildungsstiftung, https://www.wuebben-stiftung-bildung.org/das-beste-fuers-kind-schule-und-eltern-im-anlasslosen-austausch/ (abgerufen am 8.1.2024).

8 Jugendstudie Baden-Württemberg 2020, https://www.jugendgerecht.de/downloads/Jugendstudie_2020_200629_Onlineversion_final.pdf (abgerufen am 8.1.2024).

9 El-Mafaalani, a.a.O. S. 241f.

10 Bundesagentur für Arbeit, Schulewirtschaft Deutschland, Bundesvereinigung der Deutschen Arbeitgeberverbände: Eltern ins Boot holen, https://www.arbeitsagentur.de/datei/eltern-ins-boot-holen_ba031005.pdf (abgerufen am 8.1.2024).

11 Bertelsmann-Stiftung, https://www.bertelsmann-stiftung.de/de/themen/aktuelle-meldungen/2023/januar/immer-mehr-abiturientinnen-machen-eine-ausbildung (abgerufen am 19.01.2024).

12 Watson, https://www.watson.de/leben/analyse/212315042-ausbildung-statt-studium-verdraengen-abiturienten-hauptschueler-vom-markt (abgerufen am 11.10.2023).

13 Instagrampost von @noelte030 am 11.9.2021.

14 Björn Nölte: Upgrade: Kollaboratives Lernen. Sehen – Fördern – Bewerten, Klett/Kallmeyer, 2022, S. 89.

15 Debra Korobkin: Humor in the Classroom: Considerations and Strategies. In: College Teaching, vol. 36 (4), 1988, S. 154–158.

16 Schule im Aufbruch, https://frei-day.org (abgerufen am 8.12.2024).

17 Aladin El-Mafaalani, a.a.O., S. 196ff.

18 Bundesagentur für Arbeit, Schulewirtschaft Deutschland, Bundesvereinigung der Deutschen Arbeitgeberverbände, a.a.O.

19 Bundesagentur für Arbeit, a.a.O.,S.6ff.

20 A.H. Maslow: A Theory of Human Motivation. In: Psychological Review, vol. 50 (4), 1943, S. 370–396.

21 Dirk Fiebelkorn: Mit deinem Sohn durch die Kita-Zeit.
Wie du ihn verständnisvoll begleitest und liebevoll unterstützt. Der beziehungsorientierte Elternratgeber, humboldt 2023, S. 74f.

22 Universitätsklinikum Hamburg-Eppendorg (UKE), https://www.uke.de/dateien/kliniken/kinder-und-jugendpsychiatrie-psychotherapie-und-psychosomatik/forschungssektion-child-public-health/dokumente/copsy/pressemitteilung_copsy_5_20221219.pdf (abgerufen am 8.1.2024).

23 Süddeutsche Zeitung, https://www.sueddeutsche.de/karriere/mobbing-in-der-schule-jedes-dritte-kind-wird-opfer-1.450019 (abgerufen am 8.1.2024).

24 Martin Wolmerath: Mobbing, Weka Media 2008, S. 9.

25 Martin Wolmerath, a.a.O., S. 38.

26 Barmer, https://www.barmer.de/gesundheit-verstehen/gesundheit-2030/gesunde-digitale-gesellschaft/sinus-umfrage-cybermobbing2022-1072142 (abgerufen am 8.1.2024).

27 Der Spiegel, https://www.spiegel.de/lebenundlernen/schule/studie-der-univer-sitaet-dresden-hausaufgaben-bringen-nichts-a-532362.html (abgerufen am 8.1.2024).

28 Miriam Lotz, Frank Lipowsky, https://www.frank-lipowsky.de/wp-content/uploads/Lotz-Lipowsky_Hattie-Unterricht.pdf (abgerufen am 8.1.2024).

29 Miriam Lotz, Frank Lipowsky, a.a.O.

30 Caroline von St. Ange: Alles ist schwer, bevor es leicht wird. Wie Lernen gelingt. Rowohlt Taschenbuch 2023, S. 107.

31 Caroline von St. Ange, a.a.O., S. 16 ff.

32 Caroline von St. Ange, a.a.O., S. 35f.

33 Caroline von St. Ange, a.a.O., S. 249ff.

34 Caroline von St. Ange, a.a.O., S. 94ff.

35 Bob Blume: 10 Dinge, die ich an der Schule hasse und wie wir sie ändern können. Mosaik 2022, S. 178.

36 Leonie Lutz, Anika Osthoff: Begleiten statt verbieten. Als Familie kompetent und sicher in die digitale Welt, Kösel 2022, S. 137ff.

37 Leonie Lutz, Anika Osthoff, a.a.O., S. 39ff.

38 Leonie Lutz, Anika Osthoff, a.a.O., S. 14.

39 Deutscher Hochschulverband, https://www.forschung-und-lehre.de/zeitfragen/in-der-bildung-qualitativ-nachlegen-4371 (abgerufen am 8.12.2024).

40 X-Post von @AladinMafaalani am 19.12.2021.

41 X-Post @AladinMafaalani vom 4.11.2023.

42 Der Spiegel, https://www.spiegel.de/panorama/bildung/bildung-aladin-el-mafaa-lani-ueber-schulreformen-das-system-laeuft-auf-felgen-a-831460b0-455b-41a2-a145-a92b8bc75bf6 (abgerufen am 8.1.2024).

43 Caroline von St. Ange, a.a.O., S. 242.

44 Rolf Zuckowski, Peter Maffay: Songtext „Nessaja" aus „Tabaluga oder die Reise zur Vernunft", 1983.

45 T-Online, https://www.t-online.de/leben/kolumne-bob-blume/id_100278658/social-media-in-schulen-foerdern-tiktok-und-co-die-gewalt-unter-jugendlichen-.html (abgerufen am 8.1.2024).

46 Der Spiegel, https://www.spiegel.de/politik/deutschland/christian-lindner-schu-eler-sollen-in-freizeit-fuer-klimaschutz-demonstrieren-a-1257086.html (abgerufen am 8.1.2024).

Gelassen durch stürmische Zeiten

- So gelingt bindungs- und beziehungsorientierte Erziehung in der Pubertät
- Erprobte und entspannte Tipps von der Familienbegleiterin, Erziehungsberaterin, Pädagogin und Bloggerin Inke Hummel

Stand 2024. Änderungen vorbehalten.

Inke Hummel

Miteinander durch die Pubertät

2. Auflage
176 Seiten,
14,5 x 21,5 cm, Softcover
ISBN 978-3-8426-1622-6
€ 20,00 [D] / € 20,60 [A]

Der Ratgeber ist auch als eBook erhältlich.

humboldt
...bringt es auf den Punkt.

Bibliografische Information der Deutschen Nationalbibliothek
Die Deutsche Nationalbibliothek verzeichnet diese Publikation in der deutschen Nationalbibliografie; detaillierte bibliografische Daten sind im Internet über https://dnb.de abrufbar.

ISBN 978-3-8426-1741-4 (Print)
ISBN 978-3-8426-1742-1 (PDF)
ISBN 978-3-8426-1743-8 (EPUB)

Originalausgabe

Die Ratgebermarke der Schlütersche Fachmedien GmbH
Hans-Böckler-Allee 7, 30173 Hannover
www.humboldt.de
www.schluetersche.de

Aus Gründen der besseren Lesbarkeit wurde in diesem Buch teilweise die männliche, teilweise die weibliche Form gewählt, nichtsdestoweniger beziehen sich Personenbezeichnungen gleichermaßen auf Angehörige des männlichen und weiblichen Geschlechts sowie auf Menschen, die sich keinem Geschlecht zugehörig fühlen.
Autor und Verlag haben dieses Buch sorgfältig erstellt und geprüft. Für eventuelle Fehler kann dennoch keine Gewähr übernommen werden. Weder Autor noch Verlag können für eventuelle Nachteile oder Schäden, die aus in diesem Buch vorgestellten Erfahrungen, Meinungen, Studien, Therapien, Methoden und praktischen Hinweisen resultieren, eine Haftung übernehmen. Insgesamt bieten alle vorgestellten Inhalte und Anregungen keinen Ersatz für eine psychologische Beratung, Betreuung und Behandlung.

Lektorat: Linda Strehl, München
Covergestaltung: ZERO, München
Covermotiv: Shutterstock / PremiumVector, Kwitka, Tonstock
Autorenfoto: Oliver Forstner
Tafelhintergrund: stock.adobe.com / aaabbc
Satz: PER MEDIEN & MARKETING GmbH, Braunschweig
Druck und Bindung: gutenberg beuys feindruckerei GmbH, Langenhagen